LA PSICOLOGÍA DE LA TRANSFORMACIÓN EN EL YOGA

Vaidya Atreya Smith

Este libro fue publicado por primera vez en 2002 bajo el título
La Psychologie de la Transformation en Yoga, publicado por Ediciones
Turiya, Francia.

Traducción del Francés por Alejandra Ramos
Traducción revisada por Erwan Varas

Otros libros de Vaidya Atreya Smith:

Curación Pránica, Arkanmo Books, Madrid, 1998
Practical Ayurveda, Samuel Weiser, 1998
Ayurvedic Healing for Women, Samuel Weiser, 1999
Secrets of Ayurvedic Massage, Lotus Press, 2000
Perfect Balance, Avery Publishing, 2001
Ayurvedic Nutrition Course Textbook, Editions Turiya, 2001
Pañcakarma - Shodhana Chikitsa Textbook, Editions Turiya, 2003
Dravyaguna for Westerners, Editions Turiya, 2009
Ayurveda y Nutrición, CreateSpace, 2013

www.atreya.com

ISBN-13: 978-1491278192
ISBN-10: 1491278196

DEDICADO A SRI H.W.L. POONJAJI

Sri H.W. Poonjaji fue discípulo del célebre santo del sur de la India, Sri Ramana Maharashi. Sri Poonjaji vivió siete años cerca de Ramana, de 1942 a fines de 1948. Sri Poonja se conoce en Francia por los escritos del Padre Henri Le Saux (Swami Abhishiktananda), bajo el nombre de *Harilal*. En Estados Unidos, se hizo conocido en los años 90, principalmente a través de las enseñanzas de Andrew Cohen y de una mujer llamada Gangaji.

Sri Poonjaji fue un gran místico del *Advaita Vedanta*, una escuela no dualista de la tradición espiritual india clásica. Su aptitud para vivir esta enseñanza tradicional, en vez de simplemente intelectualizarla, le pareció tan importante al Padre Henri Le Saux que le dedicó varios capítulos en su célebre libro escrito en los años 60: *Souvenirs d'Arunâchala* (Recuerdos de Arunâchala). El hecho que Sri Poonjaji fuese casado y padre puede ser un aspecto interesante para el lector occidental ya que ofrece una visión más práctica y accesible del Advaita clásico que cualquier otra transmitida por los monjes y los Swamis.

Los métodos de enseñanza de Sri Poonjaji son directos y muchas veces abruptos. No transa en el hecho que la Consciencia Divina, *Atman* o el Ser, constituye la verdadera naturaleza de cada individuo. Este Ser está siempre presente y accesible a cada uno de nosotros en todo momento; ninguna práctica es necesaria para la realización del Ser. Siguió fielmente la misma tradición tenaz de la enseñanza de su Gurú, Ramana Maharshi. Sri Poonjaji entró en *Mahasamadhi* el 7 de septiembre de 1997, a la edad de 87 años en Lucknow, India.

ÍNDICE

INTRODUCCIÓN

"Algunos prefieren ser dualistas cuando otros prefieren ser no-dualistas. Ninguno de ellos conoce el Absoluto que está desprovisto de dualidad y de no-dualidad"
Avadhuta Gita 1.37

Después de haber estudiado ciencias indias clásicas durante veinte años, llegué a la conclusión que existe en nuestro mundo moderno una gran confusión acerca de los conceptos fundamentales sobre los que están basadas estas disciplinas.

En los primeros diez años enseñando estas ciencias, observé que nuestros contemporáneos tienen generalmente una gran dificultad para comprender las diferencias esenciales entre el pensamiento védico antiguo y el pensamiento conceptual moderno. El pensamiento conceptual moderno se limita a definir el mundo en el cual vivimos a través de la psicología y el intelecto. Este error es fundamental cuando se aplica a las ciencias indias. Además, esta tendencia contemporánea no se limita a los países occidentales, así pocos Indios logran comprender la gran diferencia que existe entre las percepciones antiguas y las modernas. Esto no debe sorprendernos, puesto que el mundo entero, tanto oriente como occidente, ha escogido una orientación más materialista y más psicológica que aquella que nosotros tenemos.

El objetivo de este libro es desarrollar otra manera de percibir el mundo, que no está basada en la psicología, sino más bien en la experiencia. Para ello utilizo este antiguo concepto: "La Psicología de la Transformación en el Yoga". Este libro comienza por la explicación de los conceptos más fundamentales del sistema del Samkhya, en términos simples, y luego analiza la manera como este concepto yógico de la creación transforma nuestra vida cotidiana. Este libro no es histórico, ni intelectual, sino más bien práctico y empírico.

Les presento acá mi propia comprensión y experiencia que proviene de numerosas entrevistas dadas por mi profesor al principio de los años 90. También comparto mi práctica como profesional de la salud ejercida durante los últimos quince años y también como profesor de *Ayurveda* hace diez años. Si ustedes encuentran errores, yo soy el responsable y no mi maestro. Pasé la mayor parte de los años 90 en la India para absorber el *Samkhya* por osmosis. En India, este método es, aún en la actualidad, la principal metodología practicada entre los estudiantes y las enseñanzas de las ciencias tradicionales. En consecuencia, podemos afirmar que la idea de este libro es existencial y no intelectual.

Actualmente, los pensamientos conceptuales están fuertemente dominados por un enfoque individual y psicológico fundado en una visión materialista de la realidad. Sin embargo, el hecho de utilizar las ciencias indias tradicionales a partir de un "enfoque conceptual mecánico" carece de valor. Al contrario, la utilización de las ciencias yógicas antiguas permite comprender el significado profundo de la vida y ayudar la humanidad a encontrar la felicidad, la salud y la paz en el aquí y ahora. Este es el objetivo de este libro.

La *Psicología de la Transformación en el Yoga* nos enseña una manera de vivir con buena salud con la ayuda del Ayurveda y del Yoga (*Asanas*). Nos indica cómo opera la función del tiempo y cómo observar los períodos benéficos que nos permiten hacer actividades específicas con la ayuda del *Jyotish* (Astrología Védica). Sin embargo, representa ante todo un sistema práctico en nuestra vida cotidiana.

La *Psicología de la Transformación en el Yoga* nos revela los significados ocultos de la vida, la muerte, la felicidad, la salud, la astrología, las ciencias esotéricas, la *Kundalini*, el *Karma* y la reencarnación, sólo para citar algunos aspectos. Practicar cualquier ciencia india como el *Ayurveda*, el Yoga o el *Jyotish* (astrología), sin poseer una comprensión profunda de la "Psicología de la Transformación", sería una presentación intelectual o estática de estas disciplinas. Estas prácticas no nos serían útiles puesto que los aspectos superiores de estos estudios desaparecerían y terminarían por volverse banales. Sin embargo, cuando el objetivo profundo del *Yoga* es revelado, estas mismas prácticas ayudan a orientar la humanidad hacia la salud, la felicidad, la paz y el verdadero conocimiento que significa saber quiénes somos.

Vaidya Atreya Smith

1

CÓMO LLEGUÉ AL SAMKHYA Y A LA PSICOLOGÍA DE LA TRANSFORMACIÓN

"Atman, el Absoluto, llena todo el universo. Y, dado que Atman está recubierto por Él-mismo, ¿Cómo puedo venerar esta Suprema Beatitud sin forma, indivisible e inmutable?"
Avadhuta Gita 1.2

Conocí a H. W. Poonjaji a principios del mes de agosto de 1991. Había comprado dos semanas antes, en Ámsterdam, un pequeño libro escrito por uno de sus discípulos. Nunca antes había oído hablar de Sri Poonjaji y de su mensaje afirmando que "la Realización es en el aquí y ahora" y no un acontecimiento situado en el futuro.

A partir de ese libro que relataba la historia del encuentro de un americano con Sri Poonjaji en la India, tuve la oportunidad de ir a tres ciudades en ese país. Estas ciudades eran las únicas indicaciones que tenía para encontrar a Sri Poonjaji en un país con casi mil millones de habitantes. Sin embargo, veinticuatro horas después de haber tomado la decisión de conocerlo, mis amigas y yo fuimos casi virtualmente enviados a su puerta, en un barrio nuevo de Lucknow, en Uttar Pradesh. Mi primera reacción al entrar en el salón de hormigón en bruto, fue que tenía mucha suerte. Sólo había ocho personas presentes en esa habitación esa mañana y fuimos calurosamente acogidos, aunque llegamos en medio de una entrevista. Después de haber pasado los últimos diez años en un gran *ashram* del oeste de la India con miles de discípulos, me sentía feliz de estar con tan pocas personas, pero no fue solo eso lo que despertó en mi consciencia esa sensación de suerte.

Entrando en la habitación, sentí que estaba en presencia de un ser realizado, uno de esos pocos seres humanos que había cesado de identificarse a su propio cuerpo y personalidad. A pesar del marketing actual de la iluminación y la realización instantánea, en realidad hay pocos seres iluminados en nuestro planeta, por supuesto no lo son aquellos que viajan y se declaran seres de alma realizadas. Pasé las semanas siguientes esforzándome arduamente para llegar a ser "instantáneamente realizado". Le hice muchas preguntas a Poonjaji sobre el funcionamiento de la mente, el esfuerzo, la práctica, los cuidados y la meditación. Yo venía de pasar quince años en meditación. Había practicado varios métodos de respiración de Yoga (*Pranayama*) y, los últimos cinco años, la meditación *Vipassana* durante una hora cada mañana. Mi práctica, como terapeuta, me había llevado a trabajar intensamente con las corrientes *Pránicas* del cuerpo a través de la respiración.

Sin embargo, a pesar de mis quince años de

prácticas espirituales, estaba insatisfecho en cuanto a los "progresos" realizados. Razón por la cual estaba agradecido por encontrar al fin un maestro espiritual con el cual podía iniciar conversaciones íntimas sobre mi transformación interior (o de la falta de transformación). En esa época, no sabía que Poonjaji había sido denominado "el carnicero" por varios europeos, en los años 60 y 70, debido a su aptitud para hacer trizas el ego. Yo mismo era un poco rígido, entonces él estuvo diez días disipando mis dudas y mi mente. Durante ese momento de realización, "yo" dejé de existir y lo que quedó no puede ser realmente descrito pero es tan familiar como mi propio "Yo" o el verdadero "Yo". Sin embargo, la identificación del cuerpo y del espíritu era muy fuerte en esa época y, después de haber pasado cinco días maravillosos de beatitud, el falso "yo" de la identificación psicológica surgió para reclamar "la experiencia de unidad" como si fuera su propia experiencia.

Un período de intenso vacío y depresión siguió después, mientras me daba cuenta que había desechado un diamante por simple costumbre, a causa de la identificación con el funcionamiento del cuerpo y de la mente. Pasé el año siguiente descubriendo la razón de la costumbre de cómo el hecho de percibirme limitado a una personalidad se había sobrepuesto al substratum de la consciencia pura que constituye la verdadera naturaleza de cada ser humano. Sentado, escuchando muchas horas a Sri Poonjaji cada mañana, cinco días por semana durante el año que siguió, empecé a comprender la naturaleza de la creación tal cual está representada a través de la psicología de la transformación. El movimiento de la consciencia en la creación se llama *Samkhya* y es la visión de los antiguos tiempos védicos provenientes de los *Rishis* o sabios *yógicos*. No lo sabía en esa época, pero estaba recibiendo a diario las enseñanzas del Samkhya.

Descubrí las funciones íntimas del proceso del pensamiento y la manera como las emociones dependen de su funcionamiento. Descubrí estas funciones, no a través de un proceso intelectual sino experimentando las profundidades del dolor psicológico. Al mismo tiempo viví la angustia mental y el dolor físico que acompañan la pérdida de conceptos profundamente anclados. Pasé meses con migrañas porque mi cuerpo vivía un proceso de purificación que eliminaba mis costumbres pasadas de revolcarme en trastornos emocionales que provenían del pasado y que son considerados normales en occidente. Aprendí lentamente a desarrollar esta cualidad perdida y este atributo de la mente que es la discriminación.

En el verano de 1992, creí que había finalmente comprendido ese "Yo" para poder dejar la India y volver a Europa para comenzar a vivir una vida normal con un trabajo, facturas por pagar y una buena cantidad de estrés. Mi razonamiento consideraba que la única manera de descubrir si mi estado de paz provenía de una re-identificación o de un estado de paz generado silenciosamente por mi *Gurú*, era volver al mundo "real". Me tomó casi siete meses darme cuenta que la paz que experimentaba provenía más de mi maestro que de mi aptitud para cambiar radicalmente mi costumbre de identificarme con el funcionamiento del cuerpo y de la mente.

En cuanto pude, volví a Lucknow en el norte de la India para tratar de entender lo que no había podido comprender el año anterior. Pasé un año más asistiendo a sesiones casi diarias para escuchar a mi maestro espiritual. El tema principal de estas sesiones siempre consistía en descubrir quién es o cual es nuestro verdadero "Yo", y luego de encontrarse con el "Ser", descubrir lo que queda. Durante ese año, al igual como el año anterior que había pasado con Poonjaji, tuve muchas revelaciones del "Ser" o del verdadero "Yo". Estas experiencias eran habituales en las personas que se reunían con Sri Poonjaji. Él, por su simple presencia, podía hacer callar la actividad mental del "buscador". El buscador descubría entonces su propia naturaleza del Ser, o del "Yo", en la fuente de las funciones mentales.

Al cabo de un poco más de un año, quise verme de nuevo en el meollo de la vida moderna para verificar si la paz del Ser era efectivamente algo adquirido o no. Al final de 1994, me radiqué en Paris, donde comencé una nueva relación de pareja que se transformó en un feliz matrimonio que se mantiene hasta el día de hoy. Durante estos últimos años, he vivido momentos difíciles y he enfrentado muchos problemas que me han permitido poner aprueba mis conceptos y costumbres anteriores.

En conclusión, soy feliz y ya no busco nada en particular. Tampoco tengo una práctica espiritual estructurada y me paso meditando diariamente sentado. El flujo de mis pensamientos esta siempre ahí y muchas veces perturba el funcionamiento psicológico. Soy idéntico a otras personas que me rodean y no estoy en ningún estado especial, no tengo ningún don o alguna inteligencia particular. No siento que mi experiencia sea única. Sin embargo, la relación que tengo con mi mente y mi cuerpo es muy diferente. Extrañamente, me transformé completamente gracias al contacto con Sri Poonjaji y me cuesta traducir esta transformación en palabras.

Es posible comprender esta transformación como la psicología del *Yoga* o de la unión. También es posible describirla cómo el Samkhya o el camino de la transformación basada en la experiencia. Primero, la *Psicología de la Transformación* nos entrega un método práctico y lógico que nos permite comprender como nosotros, los seres humanos, nos encerramos dentro de esta costumbre de identificarnos con el funcionamiento de nuestro cuerpo y de nuestra mente. Segundo, este trabajo integra este conocimiento en el contexto del hombre que es parte del universo. Y, para terminar, nos devuelve a nuestro rostro original, al Ser puro o al "Yo" que representa la consciencia misma.

Por un extraño proceso que se fue produciendo naturalmente en estos últimos diez años, comencé a explicar este sistema a muchas personas al mismo tiempo que enseñaba el Ayurveda. Basándome en mi experiencia, puedo afirmar que si utilizamos nuestras vidas como un sistema de transformación, éstas cambian y nuestra visión del mundo se transforma para mejor de manera profunda y significativa.

2
LA APROXIMACIÓN EMPÍRICA DE LA TRANSFORMACIÓN

"Estén siempre conscientes de Atman (el Absoluto). Es constante y siempre idéntico en todas partes. Ustedes dicen: "Yo soy aquel que medita" y el Absoluto es el objeto de la meditación. ¿Por qué dividen lo indivisible?"
Avadhuta Gita 1.12

¿Cómo podemos definir el "sistema de enumeración" o la filosofía del *Samkhya*, base de la psicología de la transformación en el Yoga? En primer lugar, el Samkhya no es una filosofía, lo que nos lleva al principal problema cuando utilizamos este sistema. No existe un verdadero término para explicar en qué consiste de verdad el Samkhya, de ahí la traducción actual por "sistema de enumeración" o "el orden de la manifestación". Este significado es cercano a la palabra sánscrita Samkhya. Una traducción aproximada de esta palabra podría ser: "la observación y la experiencia de la manifestación de manera lógica, lineal y progresiva, a todo nivel, en todo el universo, conocido o por conocer, que permiten ayudar a la transformación de la consciencia".

Por falta de términos más adecuados, los eruditos orientales y occidentales actuales han unido la palabra "filosofía" a la visión que tiene el Samkhya de la transformación. Este concepto es muy triste porque muestra el error fundamental del pensamiento conceptual moderno que trata de comprender la realidad existencial de la existencia. La naturaleza, en general o en su totalidad, constituye una suerte de "Ser" que se encuentra en flujo constante de cambio y correlación. Unir la palabra "filosofía" al "Samkhya" conduce a un grave y serio error que es muy difícil de rectificar. La filosofía se describe como "la utilización de la razón y la discusión con el fin de buscar la verdad o el conocimiento de la realidad (concreta o abstracta) llegando a una serie de creencias basadas en los conocimientos anteriores".

El sistema del Samkhya está basado en la observación y la experiencia mientras que la filosofía está basada en la razón y la lógica. En consecuencia, tratar de comprender el Samkhya por el razonamiento o la filosofía lleva a equivocarse en el aspecto más importante de este sistema, sobre el hecho que es de naturaleza existencial. La única forma verdadera para conocer el sistema del Samkhya consiste en abordarlo de manera empírica. Y la única manera de adquirir este tipo de experiencia es a través de un aprendizaje riguroso y estructurado o de un profesor o maestro. Sin embargo, un maestro común no será de ninguna ayuda. Esta experiencia necesita un maestro que esté a la altura para ayudar de verdad al estudiante a experimentar "el Ser de la realidad" y no sólo tener un razonamiento intelectual sobre las posibles "causas de la manifestación". Desgraciadamente, es imposible encontrar este tipo de profesores en las universidades y raramente en los monasterios o ashrams repartidos por el mundo.

En primer lugar, podríamos preguntarnos cuál sería la razón por la que una persona de nuestra época se interesaría en el Samkhya. Una de las principales razones es por el hecho que en el siglo pasado, una gran parte del conocimiento védico y más tarde del conocimiento hindú, entró al mundo occidental. Empero, pocas personas que practican el *Ayurveda*, el *Hatha Yoga*, el *Tantra*, el *Raja Yoga*, el *Laya Yoga* o el *Jyotish* (astrología india) comprenden de verdad las bases de esta disciplina. Además, las palabras como *Chakra*, *Kundalini*, *Dharma*, y *Karma* se han alejado de su propio contexto y muchas veces han sido mal interpretadas. Estos términos y estas disciplinas pertenecen al contexto del sistema del Samkhya. Este sistema describe claramente la manera como la creación se manifiesta en el alma humana individual. Analiza en detalle cómo la mente nace y cómo llega a desequilibrarse y muchas veces se enferma. El Samkhya entrega un nuevo significado a nuestra vida presente y nos proporciona un verdadero objetivo.

Existe una absoluta necesidad de abordar los individuos desde un nivel más profundo, hasta un nivel más espiritual. Cuando esta orientación falta durante la práctica del Ayurveda, del Yoga y del Jyotish, sus aplicaciones y sus prácticas se vuelven mecánicas y ya no son "holísticas". En nuestra cultura, necesitamos sistemas mecánicos "naturales" o "tradicionales" adicionales. La concepción bioquímica moderna del universo y de la medicina funciona perfectamente cuando utilizamos un sistema mecánico. Sin embargo, necesitamos seriamente aplicar un enfoque "holístico" en profundidad en el campo de la salud (Ayurveda), y de la Astrología (Jyotish). En realidad, el Yoga representa la aplicación práctica de este enfoque, aunque actualmente, sólo asocie a posturas físicas relacionadas con la salud (*Asanas*).

En el *Vedanga Jyotish* (la "ciencia de la luz" védica o la astrología), se necesita particularmente el contexto espiritual del sistema del Samkhya. Cuando éste no está presente, el astrólogo se transforma entonces en un simple comentador de buena fortuna o en un "psicoterapeuta" *New-Age*, ambos de los cuales tienen su lugar en el orden de las cosas pero que ya están representados por varias prácticas occidentales.

¿Cómo comprender entonces el profundo significado del Samkhya? Ante todo, debemos considerar lo que entendemos por conocimiento, puesto que existen dos maneras de verlo. La comprensión intelectual de un tema o un sistema es útil para el colegio, el trabajo y otras actividades cotidianas que representan una gran parte de nuestro estado de vigilia. Sin embargo, la comprensión intelectual, la filosofía y otras actividades mentales tienen poca capacidad para entregarnos felicidad o tranquilidad. Fundamentalmente, existen dos tipos de conocimiento: el aprendido y el vivido, - el conocimiento intelectual o el empírico.

El sistema del Samkhya reconoce tres maneras para recibir el conocimiento:

1) por experiencia directa (*Pratyaksha*)
2) por deducción y (*Anumana*)
3) por testimonio verbal o textual (*Aptopadesha*)

La deducción se encuentra entre la experiencia y el conocimiento por el testimonio.

Cuando comenzamos a enfrentar la vida y a vivirla de verdad, nos confrontamos a la realidad del conocimiento y a la comprensión que tenemos. Esto se parece bastante a la diferencia que existe entre el aprendizaje de las matemáticas en el colegio y luego preocuparse de su cuenta bancaria cuando una gran parte de nuestros cheques no han sido aún depositados en el banco. La práctica concreta es diferente al conocimiento teórico adquirido en situación de aprendizaje, además, la cuenta bancaria cambia constantemente a medida que los intereses financieros varían. Así, los expertos contemporáneos en inteligencia, utilizan la capacidad de adaptación y no la memoria para juzgar la inteligencia de la personas.

Este método de adaptación nos muestra un sujeto en un contexto y verifica los conocimientos de este mismo sujeto en circunstancias absolutamente diferentes. El estudiante deberá ser capaz de ser flexible, adaptable y tener creatividad mental para poder aplicar lo que aprendió frente a una nueva situación. Este método pone en práctica el conocimiento intelectual para que se vuelva empírico. Cuando una persona ha experimentado o vive la experiencia, podemos realmente afirmar que comprende el tema.

Imagínese que estudia todo sobre África: flora, fauna, diversas culturas y la geografía. Cuando ha acumulado suficientes informaciones, pasa los exámenes y luego comienza a enseñar. Hasta la transformación de esta información en experiencia concreta, en el caso de ir a África, esta información será una información de segunda mano. (Esta información no constituye una verdadera experiencia puesto que está compuesta por informaciones escuchadas o estudiadas en libros, entonces son de segunda mano). Imagínese otra persona que tiene los mismos estudios y que luego parte por dos años a África. ¿Cuál será el profesor o invitado más interesante? ¿Cuál tendrá la experiencia real de África? ¿Cuál tendrá la síntesis tanto del conocimiento intelectual como del empírico?

Conozco personas en Europa que enseñan el Ayurveda, el sistema indio de medicina natural, y que tienen poco o nada de práctica directa con los pacientes. Enseñan sin haber experimentado años de práctica con pacientes y sin afrontar todos los días un gran número de personas diferentes, cada cual con una problemática única para resolver. Conozco profesores de yoga que enseñan diferentes posturas sin tener la más mínima idea del por qué esas posturas han sido desarrolladas ni cómo deben ser aplicadas en diferentes tipos de personas. Conozco astrólogos que son rápidos para informarle que su matrimonio o su relación va a terminar y que usted perderá todo su dinero, simplemente porque son sus propios miedos y temores.

Cuando practicamos una disciplina india tradicional, ya sea para algo personal o profesional, es importante comprender sobre qué bases esta disciplina se apoya. El Samkhya nos entrega además de las bases de las disciplinas, un sistema empírico que nos proporciona un conocimiento verdadero de la vida. Cuando no utilizamos el Samkhya de manera existencial, el conocimiento es sólo conocimiento de segunda mano y es inferior a un enfoque holístico más completo.

La tendencia moderna es abordar el Samkhya intelectualmente y la mayor parte de los escritos sobre este tema son informaciones recopiladas. Desde un punto de vista existencial, es irrelevante afirmar que el antiguo *Rishi* (literalmente "aquél que percibe directamente la Verdad") védico *Kapila*, habría diseñado el Samkhya de una forma sistemática. Es más, tampoco es pertinente referirse o utilizar el texto principal del sistema del Samkhya, el *Samkhya Karika*. Este libro muestra el Samkhya a través de la experiencia, tal como mi propio encuentro con mi maestro, Sri H.W.L. Poonjaji. Por consiguiente, los estudiantes comprometidos pueden encontrar diferencias en relación a los trabajos clásicos que existen sobre el Samkhya.

Sin embargo, estas diferencias no constituyen un problema. El Samkhya es tan grande y existe diferentes maneras de comprenderlo, incluso los textos clásicos no están todos de acuerdo sobre varios puntos. Esta presentación es moderna y espero que sea útil a nuestra época y que aclare varios puntos sutiles en cuanto a su utilización en nuestra sociedad contemporánea.

En teoría, el Samkhya representa un sistema que explica, paso a paso, dimensión por dimensión, la manera en que el universo fue creado, no sólo "en su comienzo", sino a cada instante de nuestra existencia. Razón por la cual se llama sistema de enumeración. Es el "proceso cotidiano de creación" que produce reacciones o "Karma" en nuestra vida. Igualmente es este mismo "Karma" o resultado de este "proceso de creación diaria" que nos une al ciclo del tiempo y del espacio.

Una de las ideas fundamentales del Samkhya es el hecho que todo el universo es interdependiente en todos los niveles. Una célebre afirmación popular establece que el "microcosmos y el macrocosmos" vienen del Samkhya. Hay una lógica infalible en este sistema. Cuando se declara que algo funciona a nivel cósmico, debe funcionar igualmente a nivel microscópico. Lo inverso es igualmente cierto, este razonamiento lógico debe operar de manera similar en cada dimensión para poder pertenecer al sistema del Samkhya.

En el Samkhya, encontramos otro aspecto fundamental, el de la inteligencia. El Samkhya afirma que la creación entera es una manifestación de la inteligencia consciente. Incluso una roca posee un nivel de consciencia puesto que está irrevocablemente unido a la inteligencia cósmica que se encuentra al origen de la creación. Entonces, todo sistema de salud o de psicología que provenga del Samkhya (o basado en el Samkhya) debe honorar primeramente el concepto de la inteligencia y funcionar a la par de esta inteligencia. El Ayurveda, sistema médico basado en el Samkhya, se esfuerza en trabajar con esta inteligencia del cuerpo. Este sistema entrega salud a través de los diferentes sistemas del cuerpo utilizando metáforas para los tres conceptos de inteligencia del cuerpo. Estos principios son llamados *Doshas* y denominados *Vata*, *Pitta*, *Kapha* (los poderes inteligentes del movimiento, la transformación y la cohesión).

Cuando abordamos el Samkhya a nivel intelectual, se vuelve imposible tratar estos aspectos fundamentales. La razón está en el hecho que estos aspectos quedan como conocimiento de segunda mano. *El sistema del Samkhya debe ser experimentado con el fin de ser comprendido correctamente.*

Por ende, el capítulo siguiente comenzará primero por tratar el proceso de creación y la manera cómo se manifiesta lentamente en el universo. Cuando el proceso de creación quede claro, exploraremos cómo utilizar el Samkhya en nuestra vida diaria para que nos entregue comprensión, claridad y paz mental. Indagaremos después la manera de utilizar el Samkhya como sistema práctico de transformación para que nuestro potencial humano pueda volver a su propia fuente o Yoga.

El verdadero valor del Samkhya se manifiesta cuando comenzamos a utilizarlo como metodología práctica en vez de como un sistema "filosófico". Cuando empezamos a utilizarlo como un método práctico, nuestra manera de abordar las disciplinas antiguas se transforma y nos volvemos capaces de acceder a aspectos más profundos de los sistemas que utilizamos para una meta personal o profesional. La razón reside en el hecho que comenzamos a abordar los aspectos más profundos de nuestro propio ser. Cuando experimentado correctamente, el Samkhya aclara nuestra mente y nuestro intelecto sobre las diferentes maneras de conocer el universo. En el capítulo siguiente, comenzaremos por los dos primeros principios de la creación, la consciencia y la materia, bajo sus formas latentes o no manifiestas.

3
LA CONSCIENCIA Y LA MATERIA EN LOS ESTADOS LATENTES

"Igual que el agua mezclada al agua es la misma agua indiferenciada, de la misma manera Prakriti (la materia latente) y Purusha (la consciencia pura) aparecen ambas idénticas a aquel que conoce el Absoluto".
Avadhuta Gita 1.51

Nunca hubo principio y jamás habrá fin a ESTO. Mi propio maestro llamaba ESTO al *substratum*. Se refería a ello como substratum porque Esto existía antes que cualquier otra cosa y soporta todo: todo viene de este substratum. No existe antes ni después a este substratum, incluso el vacío o la "nada" se manifestó después del substratum. Por su naturaleza, el substratum no puede definirse, ni describirse, ni experimentarse. No podemos conocerlo. O usted es ESTO, o usted no lo conoce. No hay intermediario.

Los *Upanishads*, los antiguos textos sagrados de la India Védica, tienen varios conceptos para el substratum. Algunos de ellos son *Atman, Brahmam,*

21

Prajapati, Hiranyagarbha o Ser. Sin embargo, estamos en presencia de una confusión en cuanto a los términos y su significado porque muchas veces son usados para indicar otros niveles de la creación. Es un problema general de la lengua sánscrita, en la cual el significado de una palabra cambia según el contexto. Así, si usted no comprende el contexto de una palabra, usted no podrá comprender completamente su significado. Esto se aplica igualmente a todas las disciplinas clásicas tales como el Yoga, el Ayurveda y el Jyotish que están escritas en sánscrito.

Del substratum surge *Purusha* o la "consciencia pura". Este fenómeno se produce sin razón. Es difícil a la mente conceptual contemporánea aceptar que se pueden producir sucesos o fenómenos sin ninguna razón. Sin embargo, constituye un punto fundamental de los Vedas, los Upanishads y el Samkhya: *la creación se produce sin razón* (Ver por ejemplo, el Brhadaranyaka Upanishad 1. i.i.1 y el comentario de Shankaracarya).

"Algunos afirman que la creación existe por el placer de Purusha, mientras que otros creen que ella sólo existe por Su indulgencia. En realidad, la creación es la naturaleza de Purusha, porque ¿Qué deseos puede tener alguien cuyos deseos ya están realizados?"
Manadukya Upanishad, agama-prakarana, 1.9

PURUSHA, LA CONSCIENCIA LATENTE

El Samkhya nace con Purusha, la consciencia pura en su estado latente o no manifiesto. Sin embargo, pocas personas son capaces de establecer una distinción precisa entre Purusha y el substratum indescriptible o desconocido. Es igualmente imposible "conocer" Purusha, pero se le atribuye tres cualidades para facilitarnos su comprensión. A la diferencia del substratum para el cual no podemos definir atributo alguno (*Nirguna* en sánscrito), podemos atribuir tres cualidades fundamentales a Purusha, la consciencia pura. Aunque Purusha es indefinida y desconocida, no podemos comprenderla con la ayuda de sus tres atributos o *Satcitanand*: *Sat* (Ser), *Chit* (Consciencia) y *Ananda* (Beatitud).

Purusha es lo que los místicos indios llaman *Turiya*, que significa literalmente "el cuarto estado" o "trascendencia". Según el Samkhya, existen tres niveles o planos de existencia que se manifiestan de diferentes maneras. Por ejemplo, el pasado, el presente y el futuro; el infierno, la tierra y el paraíso; dormir, estar despierto y soñar. El "cuarto estado" se encuentra fuera de los estados anteriores o representa la "trinidad", pero se refiere más concretamente a los estados de la consciencia humana (dormir, estar despierto y soñar). Los Upanishads dicen que cuando un ser humano trasciende los tres estados básicos de la consciencia, se llega al "cuarto estado" o Turiya. Este estado es Purusha, ser puro sin forma.

Hay textos o profesores que describen otro estado "más allá del cuarto", llamado *Turiyatita*. Tenemos poca información en cuanto a su significado, pero es evidente que existe algo más allá de la consciencia pura o Purusha. "Más allá del cuarto estado" implica que existe algo además del Ser, la Consciencia y la Beatitud. Podemos referirnos a ese estado por "substratum", Absoluto o *Parabrahman*.

No podemos hablar de Purusha, simplemente porque no es posible describirlo fuera de Sat, Chit,

Ananda (Ser, Consciencia, Beatitud). Ningún sabio de la antigüedad pudo describirlo directamente, y algunos se volvieron poetas tratando de describirlo. Otros escogieron callar porque comprendieron la imposibilidad de describir lo indescriptible. La única manera de comprender Purusha es llegar a serlo. Cuando intentamos intelectualizarlo, se nos escapa. Basta saber que es latente, no manifiesto o que existe como puro potencial. Tratar de ir más allá de esto significa que no logramos encontrar el sentido.

Existe otra definición clásica que viene de los Upanishads y del Samkhya que sostiene que Purusha es eterno, sin comienzo ni fin (Ver por ej.: Brhadaranyaka Upanishad 1.iv.1A1.iv.5 y los comentarios de Shankaracarya y Rig-Veda, X.129.1-4). En ciertas escuelas de Samkhya, esta definición se utiliza para describir la realidad. Este razonamiento sostiene que si algo se manifiesta y luego desaparece, esto no es real. Con esta definición, el cuerpo humano no es real porque nace, se desarrolla y muere. Es la razón por la cual existen varias escuelas que declaran que el mundo es "irreal" o "ilusión" (*Maya*). Pero interpretar esta definición literalmente significa que no se ha logrado entender el sentido de la observación original.

El énfasis debe ponerse en la naturaleza eterna de Purusha, la consciencia pura, y no en la naturaleza transitoria de la manifestación. Algunas personas insisten erróneamente en la manifestación y declaran que "todo es ilusión", utilizando esta declaración para justificar comportamientos poco afectuosos hacia su familia o sus amigos, para ignorar sus responsabilidades sociales o simplemente para justificar generalmente un comportamiento egoísta. A lo más, esta declaración conlleva una decepción mental. La escuela que declara que "todo es ilusión" es válida a condición que el estudiante comprenda el significado y el objetivo de esta enseñanza que tiene por objetivo confirmar que sólo Purusha, la consciencia inmutable, es real. Porque está siempre presente y que todo viene de ella.

Otro aspecto de la misma observación dice que "todo es consciencia". Todo viene de Purusha como nos daremos cuenta y, puesto que la consciencia pura es la fuente de toda manifestación, todo puede ser considerado como consciencia. Este enfoque es una mirada más positiva de la vida mientras que la escuela que declara que "todo es una ilusión" es un enfoque más negativo de la vida. Igualmente podemos definir estas escuelas como representantes de aquellas del "todo es vacío" o del "todo está lleno".

Existe otro enfoque presentado en los Upanishads que consiste en "no es esto, no es el otro". Esta perspectiva es otra manera de llegar a Purusha. Esta visión declara simplemente que todo lo que no es Purusha o consciencia pura, no es ESTO. Es un proceso de negación menos peligroso que la escuela de "la ilusión", porque no conduce a la misma posibilidad de ilusión mental. Otra manera consiste en hablar del vacío o "la escuela del vacío", diciendo que nada existe además del vacío. Estas dos escuelas abordan igualmente la vida de manera ligeramente negativa porque utilizan una metodología negando todo lo que no es Purusha.

Mi maestro espiritual utilizaba los métodos negativos y positivos, según la persona con la cual trabajaba. Conmigo, utilizó el concepto "todo es consciencia". Aún el vacío está lleno del Ser o de la

Consciencia, entonces está lleno.

La razón por la cual existen tantos conceptos diferentes viene del hecho que Purusha es desconocido. En sus trabajos para ayudar a personas a volver o a fusionarse con Purusha, los sabios, antiguos y contemporáneos, han tratado de describirlo de muchas maneras diferentes. Un sabio insistirá bastante en el hecho que el enfoque que él enseña es el único enfoque verdadero. Hay muchas razones a esto, sin embargo, el sistema del Samkhya considera una diversidad de explicaciones.

"Purusha está siempre presente, es consciencia y pureza y crea continuamente objetos encantadores para los sentidos, incluso cuando éstos están adormecidos. Purusha es Brahman, Purusha es llamado el inmortal. Todos los mundos están fijos en él, ninguno puede transcenderlo. El es ESTO."
Katha Upanishad 2.2.8

PRAKRITI, LA MATERIA LATENTE

Purusha no puede manifestar nada porque no posee ninguna cualidad ligada a la materia. Puesto que es desconocido, carece del potencial para poder manifestarse. Por ende, necesita un compañero para manifestarse y no quedarse latente como consciencia pura. En el Samkhya, el siguiente principio de creación se llama *Prakriti*, materia latente o materia potencial.

El Samkhya indica que Purusha, sin razón alguna, comienza a reflejarse sobre sí mismo. Es a partir de este proceso de reflexión que Prakriti (materia latente) nace y comienza a interactuar con Purusha (la consciencia). Este fenómeno se produce simultáneamente; el reflejo de la consciencia pura sobre ella misma, de la que surge la materia latente, comienza a interactuar con su fuente, la consciencia pura. De esa manera el "juego" o la interacción de la consciencia pura y de la materia latente constituye la causa fundamental de la manifestación. No hay ninguna razón para que comience y tampoco tiene finalidad alguna. Los Upanishads explican que el único objetivo de la creación es permitir a Purusha, la consciencia, tener la experiencia de sí misma. Purusha siendo solo (mono), no puede conocerse porque es necesario ser dos (dual) para existir. Entonces, con la llegada de Prakriti nace el dualismo.

A partir de Prakriti, el conocimiento y la comprensión son posibles. Antes que apareciera Prakriti, la comprensión era imposible, sólo el Ser existencial era posible. Prakriti es la única fuente verdadera de la manifestación material. Prakriti es de naturaleza femenina y se le menciona con frecuencia como la Naturaleza misma. En nuestro idioma, podemos llamar a Prakriti como "la potencia de la Madre Naturaleza". En Sánscrito, otro nombre para Prakriti es *Shakti* o la energía pura, latente y creadora de la creación. Shakti es de naturaleza femenina porque ella tiene el potencial de crear el universo entero.

Para explicar el Samkhya, existe una metáfora que utiliza los principios masculino y femenino representados por los arquetipos de las divinidades hindúes *Shiva* y *Shakti*. Encontramos Shiva (la consciencia pura) y Shakti (la energía pura de la creación) en uno de los primeros textos sagrados de la India antigua, el *Rig-Veda*, bajo diferentes energías arquetipos (por ejemplo, las divinidades védicas Rudra, Agni, Surya, Vayu, etc.).

En estas metáforas, los principios masculino y femenino son usados para ilustrar la unión de dos opuestos. Podemos comprenderla fácilmente a través de la experiencia sexual. Sin embargo, es importante estar consciente que las metáforas son utilizadas para enseñar y ayudar a los estudiantes a abordar conceptos más allá de la comprensión.

Si consideramos esta alegoría de una manera muy literal, nos arriesgamos a no entender el sentido de esta sabiduría que nos señala que dos energías, la consciencia y la energía creativa, son necesarias para la creación de la manifestación. La confusión en este tema, lleva a muchas personas a una mala interpretación de la tradición *Tántrica* como una parte del *Shivaísmo* (la veneración de Shiva como Ser puro o Purusha). La tradición Tántrica no tiene que ver con las relaciones sexuales en sí, aunque algunas ramas de los rituales adoptan la unión sexual, ¡así como otros actos menos agradables! El concepto fundamental de la tradición Tántrica dice generalmente que todo es divino, que todo es consciencia pura o Purusha, y en consecuencia, nada debe ser rechazado ni evitado. Además, la tradición se sirve de la propagación del principio femenino divino, Prakriti o Shakti, para llegar a Purusha o la Consciencia pura. Como veremos, este aspecto representa el principio fundamental del Samkhya. El *Tantra* es en realidad la veneración de la Madre divina bajo Su forma temible o amistosa. No obstante, el objetivo es ir más allá de toda forma fusionando en lo que no tiene forma.

Prakriti, como también Purusha, tienen tres atributos principales o cualidades que constituyen la base de toda creación. En sánscrito, estos atributos se llaman los tres *Gunas*. Guna se traduce como atributo o cualidad y literalmente significa unir o unirse. Entonces, todo lo que está presente en la creación es una mezcla de estos tres atributos. Se llaman *Sattva*, *Rajas* y *Tamas* o pureza, acción e inercia. Se describen de la manera siguiente:

Guna	Cualidades Cósmicas	Cualidades Mentales	En la Creación
Sattva	pureza, luz, claridad, flexibilidad, armonía, virtud, luminosidad	creatividad, flexibilidad, compasión, bondad, receptividad, cariño inteligencia, humanidad	desarrollo
Rajas	actividad, movimiento, dinámico, fuerza abrupto, distracción, impulso, agitación, dispersión	dirige, agresivo, motivado, búsqueda de una meta, con ira control	disperso
Tamas	inercia, ignorancia, oscuridad, rigidez, fijo, gris, pesado, obstructor, materia	ilusión, apatía, estupidez, manipulación, violencia, decepcionante, deshonestidad, depresión	degeneración

Muchas veces los Gunas son mal comprendidos y clasificados como "buenos o malos". Esto significa que no comprendemos verdaderamente el rol que juegan en la creación. Tamas, la cualidad de la oscuridad y de la descomposición, se refiere a lo que permite la transformación, el crecimiento y la creación. Permite que la vida se acabe, que caiga la noche y que nos durmamos. De hecho, todo el universo material viene del principio Tamas de Prakriti que representa la apariencia de la creación más compacta y más densa y abarca probablemente los cinco elementos.

Al respecto, es esencial introducir un nuevo concepto clave en el estudio del Samkhya o cualquier disciplina antigua. *El universo es multidimensional.* Tratar de asignar un significado fijo a cualquier principio conduce a un malentendido porque *los significados cambian dependiendo de la dimensión* expresada o experimentada. Este concepto es la clave que nos permite utilizar eficazmente el Samkhya como herramienta para la transformación en el Yoga. Me he dado cuenta, durante mis enseñanzas, que este concepto básico es generalmente mal entendido.

A medida que seguimos, con la ayuda del Samkhya, el derrotero de la creación, podemos llamar a cada paso una "dimensión". Purusha es la dimensión más fundamental, el de la inteligencia consciente. Después, se presenta bajo la forma de Prakriti como el principio fundamental de la creación o de la manifestación, representado por la materia latente. Cada paso adicional es otra dimensión de la creación. Por lo tanto, los Gunas o atributos varían considerablemente en función de la dimensión.

Por ejemplo, utilicemos la ilustración de Tamas, el atributo de la oscuridad, letargo y la inercia. En el plano cósmico, la materia proviene de Tamas, nivel de la mente cósmica, Tamas se manifiesta oscureciendo Purusha al ocultar el origen de la mente cósmica. A nivel de la mente individual, Tamas se presenta como la idea de la separación, ocultando el espíritu cósmico

(*Mahat*) en lugar de ocultar Purusha. Tamas es responsable de la forma mientras la manifestación comienza a tomar forma en la materia. La inercia permite que la materia se solidifique a partir de formas gaseosas y calientes. En el cuerpo humano permite el sueño y el descanso. En la mente humana, crea la ilusión, la depresión, la perversión, la violencia y la dependencia.

Por lo tanto, observar un atributo (Guna) de la manifestación sin definir primero a cuál dimensión corresponde, conduce a una comprensión y a una interpretación errónea. *Esto representa probablemente el punto más importante para comprender la explicación de la creación a través del Samkhya.*

Los tres atributos primarios de la manifestación son responsables de todas las formas presentes en el universo. En cada nivel de la creación deberemos observar sus influencias causales. El universo se forma bajo la influencia y la dirección de estos tres atributos de Prakriti. Nada existe independientemente de ellos, ni en las fuerzas individuales, ni en las fuerzas asociadas (las formas puras o mezcladas de la materia). Pueden igualmente ser consideradas como las tres formas de la energía creativa, o Shakti, cada una representando un aspecto de Su fuerza divina.

Como hemos visto hasta ahora, la materia latente existe como potencial. No se materializa por su cuenta, pero constituye el potencial de la materia. Este potencial existe bajo forma de tres atributos principales que están igualmente latentes. Prakriti toma forma gracias al sutil movimiento de Purusha, la consciencia pura. Purusha es el principio consciente y la inteligencia del universo que, una vez asociado a la materia latente, inicia el proceso de manifestación por medio de los tres atributos de Prakriti (*Triguna*). Las tres cualidades de Purusha, *Satcitanand*, están presentes en todos los aspectos de la creación y en los tres atributos de Prakriti.

EL CONCEPTO DE DUALISMO POR OPOSICIÓN AL MONISMO

El Samkhya describe usualmente la unión de Purusha y de Prakriti como el comienzo del dualismo y el estado de Purusha sólo como el monismo o unidad. Experimentar estas sutilezas en vez de estudiarlas intelectualmente, entrega una mejor comprensión.

Las religiones del mundo pueden ser divididas en enfoques monistas o dualistas en relación a lo divino. El monismo representa el concepto de la unidad y todo viene de este principio. Esta es la razón por la cual los eruditos declaran que Purusha, la consciencia pura que es desconocida, es representativa del monismo. Asimismo, cuando Purusha se une a Prakriti, la materia latente bajo forma de energía pura, el principio de dualidad surge. Es necesario tener dos elementos para que una experiencia se produzca; si hay un solo elemento, la experiencia no puede llevarse a cabo.

De hecho, Purusha y Prakriti forman ambos parte de la dinámica dualista. Este concepto puede ser experimentado de manera existencial. Es decir, Purusha es el lado latente y durmiente del principio dualista. Por otro lado, se le puede atribuir tres cualidades, Satcitanand, gracias a las cuales será reconocido. La experiencia de "unidad" se sitúa antes todos los conceptos posibles, por muy sutiles que sean. Por lo tanto, la única manera de vivir verdaderamente el monismo consiste a ser el "substratum". Esta experiencia es definitiva y pone fin a todos los otros conceptos.

EL PRINCIPIO DE PRANA

Cuando Purusha, la consciencia pura, se levanta, el principio del Prana que forma parte integrante de Purusha, nace. El Prana representa la forma de energía más pura. Nace al comienzo y sigue cada etapa de la creación. Podemos verlo en todas las dimensiones y es lo que permite la manifestación en todo el universo (Ver el *Brhadaranyaka Upanishad*, 1.iii.1-28 en lo que refiere al rol del Prana en la creación y la realización del Ser, como en el *Prashna Upanishad*.).

Con Purusha, el Prana puede ser llamado "la energía del Ser", "la energía de la Consciencia" y "la energía de la Beatitud" (*Satshakti*, *Citshakti* y *Anandshakti*). Con Prakriti, el Prana puede ser llamado simplemente "Shakti" o la energía de la creación, aunque algunos términos menos comunes son también utilizados. Es interesante observar que el principio *Pránico* es muy raramente mencionado en el Samkhya, aunque sea una referencia y sea parte integrante del sistema. Sin una comprensión precisa del rol de la energía pura, el Samkhya podría ser mal interpretado. Es imposible conocer el Prana directamente, pero puede ser experimentado como energía sin ningún atributo, su forma más pura es "la energía del Ser (meditación)".

"Tal como los rayos de una rueda, la creación entera está fijada en el Prana - Riks, Yasus, Samas (los mantras védicos), el sacrificio, los Ksatriya y Brahmana."
Prashna Upanishad 11.6

4

LA MANIFESTACIÓN O MOVIMIENTO DESCENDENTE DE LA CONSCIENCIA

"Siendo que el Absoluto es más sutil que lo más sutil, carece de nombres. Existe más allá de los sentidos, de la mente y del intelecto. Es el eternamente luminoso Señor de la creación."
Avadhuta Gita 2.10

La interacción de los dos principios cósmicos primarios inicia el proceso de creación. El Samkhya lo describe con una metáfora que consiste en un movimiento descendente de la consciencia. El movimiento de la creación parte de la pureza no manifiesta (es decir Purusha y Prakriti) hasta la materia sutil y la materia sólida. Se atribuye a la creación la metáfora de un movimiento descendente debido a la tendencia de la naturaleza de la materia a descender hasta que se solidifica. Un ejemplo de esto es cuando la humedad, en su forma sutil, es llevada por el viento en la atmósfera hasta que se forman las nubes. Cuando las nubes se juntan en una masa suficiente, la humedad "cae" bajo forma de lluvia en un movimiento descendente hacia la tierra.

MAHAT, LA INTELIGENCIA CÓSMICA

La unión de la consciencia pura y de la energía creativa pura da origen a la inteligencia cósmica, universal o *Mahat*. Este siguiente nivel o dimensión de la creación representa el principio cósmico de la inteligencia. Toda dimensión futura o nivel de creación debe tener este principio divino de inteligencia pura porque Mahat simboliza esta cualidad de la naturaleza.

Mientras Purusha representa la consciencia pura, no manifestada, Mahat representa esta consciencia que se manifiesta como inteligencia. A través del proceso de manifestación, esta inteligencia cósmica no se considera más como "pura". Este aspecto es una de las diferencias fundamentales que existe entre Mahat y Purusha. Sin embargo, Mahat, como primer principio cósmico está presente en toda la creación, omnipotente y lo impregna todo.

Prakriti, o la Naturaleza bajo forma de energía pura, confiere a Mahat su cualidad de existencia. Sin Prakriti, la inteligencia cósmica sería incapaz de manifestarse porque es Prakriti quien da forma a todas las cosas. Además, los tres atributos de Prakriti comienzan a tomar forma al interior de Mahat. Entonces, si Mahat tiene los tres atributos de Prakriti, debe igualmente tener las tres cualidades de Purusha. De hecho, Mahat nace a partir de los tres Gunas (atributos) de Prakriti, particularmente de Rajas, el atributo de la acción y de la creación a partir del movimiento.

Uno de los aspectos más interesantes de Mahat es el hecho que podemos confundirlo tanto con Prakriti o con Purusha, dado que tiene los tres atributos de ambos. Este malentendido puede producirse de varias maneras. Muchas personas experimentan en un momento dado, la consciencia de bienestar cósmico o de simbiosis con el universo. Esta experiencia les entrega una paz y una serenidad increíbles. El sentimiento de universalidad de la creación es muy potente y el sentimiento de individualidad desaparece durante todo el tiempo de la experiencia. Esto es Mahat, el "Ser", "Consciencia", "Beatitud" de la inteligencia cósmica. Los otros atributos de la naturaleza como la "Pureza", la "Acción" y la "Destrucción" pueden igualmente experimentarse a este nivel, ya sea por medio de las divinidades, o directamente. Cuando *podemos experimentarlos, nos encontramos entonces en la dimensión perteneciente a Mahat*, porque Purusha como Prakriti *no pueden experimentarse de ninguna manera.*

Es en este nivel que se manifiesta el concepto de un dios o divinidades universales. Ellos son la consecuencia de la inteligencia cósmica y de la inteligencia cósmica. En algunas dimensiones, pueden manifestarse como seres de luz y pensamiento puro. Según el Samkhya, todas las divinidades pertenecen a la dimensión de Mahat. Con el fin de acceder a la inteligencia individual de la creación, es decir a la mente de los seres humanos, de los animales, etc., Mahat toma formas sutiles. En la tradición hindú, se manifiesta por la trinidad de *Brahma, Shiva* y *Vishnu.*

Este desarrollo no pretende ofender en momento alguno a los fieles de estas divinidades, sino más bien mostrar que estas divinidades representan una energía cósmica única cuyo objetivo es unirse de nuevo al estado anterior. Prakriti está obligado de tomar la forma sutil de una divinidad con el fin de incitar los adeptos a unirse a ella. Cuando esta unión se produce a través de la veneración, la forma de la divinidad se une eventualmente a su fuente o Prakriti y luego con Purusha. Entonces, todas las divinidades representan formas de la inteligencia cósmica o de esta inteligencia que desea llevarnos a la pureza no manifestada del Ser, Consciencia y Beatitud.

Mahat, al nivel inferior constituye la inteligencia inherente de la Madre Naturaleza. Mahat es la fuerza conductora de la inteligencia universal, la inteligencia que permite la rotación de los planetas, el nacimiento de las flores y el paso de las estaciones. Toda la manifestación está bajo el control de esta inteligencia cósmica. Es la razón por la cual las divinidades están capacitadas para controlar la manifestación puesto que ellas no son otra cosa que un aspecto de esta misma inteligencia cósmica.

En esta etapa del desarrollo de la creación, no hay ningún concepto de individualidad. Hasta este estado, no había más que el sentimiento de unicidad, de unidad. Es la razón porque a menudo se cita que los dioses hindúes afirmaron que no eran más que dioses "rivales". Por ejemplo, se cita que Shiva afirmó que Vishnu o una de sus formas era omnipotente. También, en otras Escrituras, se cita que Vishnu afirmó la misma cosa, es decir que Shiva es en realidad la fuente de toda la creación. Esto puede parecer confuso al intelecto humano que funciona únicamente a partir del concepto de las diferencias individuales. De hecho, estas divinidades existen en tanto que principio cósmico único, no son distintas las unas de las otras y aparecen únicamente así a los seres que fueron creados después. Es la razón por la cual pueden afirmar con toda sinceridad que no son diferentes a las otras divinidades.

Prana, o la energía pura, se manifiesta en la dimensión de Mahat como la energía de la inteligencia. En esta dimensión, adquiere la pureza de Sattva, la inteligencia universal pura. En Mahat, Prana también reviste el principio activo de Rajas, permitiendo la formación del resto de la creación, a través de su movimiento. Por último, Prana asociado a Tamas, permite a la inteligencia cósmica asumir formas sutiles.

Es interesante resaltar que el pensamiento conceptual moderno no reconoce la inteligencia de la Naturaleza. El enfoque material de la ciencia moderna, limitada al concepto estrecho del "juego de los cubitos", por pequeños que sean, jamás podrá entender el proceso de la creación mientras no se reconozca y honre el nivel fundamental de la inteligencia cósmica.

AHAMKARA, EL SENTIMIENTO DEL "YO"

Después de la dimensión de la inteligencia cósmica, la creación comienza a dividirse en manifestaciones separadas. El comienzo de este proceso constituye lo que se denomina *Ahamkara* o el sentimiento del "Yo". Este se refiere al desarrollo del concepto de individualidad. Así, en la creación, todo lo que viene después de Ahamkara tiene el sentimiento de estar separado del cosmos. Por un lado, esto causa muchas angustias y sufrimientos. Por otro lado, genera la diversificación y entrega un mundo rico en nombres y en formas.

La angustia y el sufrimiento provienen del hecho de sentirse separados de la inteligencia cósmica y de la felicidad asociada a la comunión con Satcitanand o el Ser, Consciencia, Beatitud o la manifestación cósmica de Purusha a través de Prakriti y Mahat. Todo sufrimiento humano viene de esta diversificación, de este cambio de dimensiones. Sin embargo, esta misma diversificación promueve una variedad infinita en la naturaleza y en la manifestación. La creación se enriquece y florece considerablemente por este proceso de separación de la inteligencia cósmica.

Ahamkara representa la dimensión en la cual el individuo entra en juego. Muchas veces traducido por "ego", término decepcionante y no muy exacto. Ahamkara es diferente del concepto freudiano del ego porque tiene un sentido más amplio. Pero es justo afirmar que el concepto de Ahamkara incluye la noción freudiana del ego. Ahamkara representa toda diversificación de la creación mientras que el ego freudiano se interesa sólo a la conceptualización individual del ser humano. Ahamkara se interesa en el universo entero y representa el principio fundamental de la separación.

Incluso en lo que tiene que ver con el ser humano, Ahamkara es diferente del ego freudiano. La palabra sánscrita Ahamkara puede traducirse como "lo que fabrica el 'Yo'" y los Upanishads a menudo llaman a Ahamkara como "el pensamiento Yo" (El texto *Aitareya Upanishad* da un buen resumen de la creación y de la manera como la mente cubre a Purusha). Estas dos definiciones se refieren al desarrollo existente anterior al ego, al sentido fundamental de *Ser*, que es la base de la mente así como de todas las funciones físicas y psicológicas. Según el Samkhya, Ahamkara o "Yo" debe existir antes que el ego. Los eruditos pueden debatir este punto indefinidamente, pero queda muy explícito cuando es experimentado.

Cuando las funciones psicológicas disminuyen o cesan (como cuando los pensamientos se detienen), el sentimiento del "Yo" se vuelve perceptible. En esta experiencia, es evidente que el pensamiento "Yo" es la base de toda la función mental. Nos es imposible comprender Ahamkara con ayuda del razonamiento a causa de su naturaleza existencial, sólo puede ser experimentado como componente fundamental básico de la naturaleza individual diversificada. Todo el mundo tiene el sentimiento de existir y declara: "Dormí mal", "Dormí bien" o "No soñé anoche". Es Ahamkara que tiene el conocimiento de lo que sucede, aún durante el sueño, porque él es el substratum de la dimensión de la personalidad.

Cuando los textos antiguos describen la dimensión de Ahamkara en los seres humanos, generalmente usan el término *Jiva* o *Jivatman*. La palabra Jiva se traduce comúnmente como "alma". Sin embargo, el pensamiento "Yo" es una definición más precisa del Jiva puesto que no tiene esta connotación cristiana que tiene el alma. También, cuando hablamos de Ahamkara en el plano individual, queremos decir lo mismo que Jiva o la consciencia individual separada de la inteligencia cósmica.

En el Ahamkara, Prana se manifiesta como forma de energía separando el individuo de la inteligencia cósmica e igualmente la fuerza o la energía que conlleva esta separación. En esta dimensión, el Prana puede ser visto como una potencia que mantiene el pensamiento "Yo" (Jiva) dentro de la manifestación. Se parece a una especie de pegamento que mantiene a Ahamkara dentro de la manifestación. Al mismo tiempo, promueve una completa diversificación del universo con ayuda del movimiento que es su primera cualidad.

BUDDHI, EL INTELECTO INDIVIDUAL

De la diversificación de Ahamkara surge *Buddhi* en la manifestación. El potencial de Buddhi se expresa con la existencia del ser humano. Buddhi o el intelecto, no existe en las otras formas de vida. Es Buddhi, o la mente dotada de razón, que diferencia el ser humano del reino animal. Sin embargo, según el Samkhya, el intelecto existe únicamente como potencial, cada individuo lo debe desarrollar por si mismo, sino el intelecto queda en estado latente.

Esto entrega entonces una libertad prodigiosa al proceso de creación; la de permanecer un bípedo o de volverse un ser humano. Esta libertad se determina a través de la utilización de Buddhi, la mente dotada de razón. Cuando el factor principal que diferencia los seres humanos de los animales es una facultad que no se utiliza, entonces ¿Puede llamarse a ese ser verdaderamente humano? El Samkhya no es un sistema fatalista, la naturaleza entrega una libertad total a todos los niveles de la creación, esta libertad es más aparente a nivel del potencial humano.

En realidad, Buddhi viene directamente de Mahat, la inteligencia cósmica. Es nuestra pequeña parte de mente cósmica o divina. Representa la calidad superior atribuida a los seres humanos. Sin embargo, no puede manifestarse sin la presencia de Ahamkara, el sentimiento de ser un individuo. Solo la diversificación de lo universal en lo individual permite que una dimensión se abra para que Buddhi exista. El término "Buddhi" tiene la misma raíz sánscrita que "Buda", *bud* significa "conocer".

El Prana se manifiesta por Buddhi como la capacidad de discriminar. Esta facultad nos ayuda a distinguir lo verdadero de lo falso, Ahamkara de Mahat. Cuando el Prana está débil o desequilibrado, nos hace falta la discriminación. En un nivel inferior, el Prana se manifiesta bajo la forma de la energía de la razón. Es el nivel intermedio de Buddhi, el nivel de la filosofía.

Los niveles de Buddhi		
Nivel	Guna (atributo)	Relación con el intelecto
Superior	Sattva	Discernimiento, sentimientos, humanitario
Intermediario	Rajas	Lógica, crítica, razonar, pensamiento científico
Inferior	Tamas	Dogmático, conceptos fijos y rígidos

Buddhi es generalmente traducido por "intelecto" o función intelectual". Debemos considerar con atención el hecho que Buddhi tiene un significado mucho más amplio que estos conceptos. Buddhi puede ser mejor comprendido por el examen de sus tres niveles de funcionamiento. A nivel superior, es el poder de discriminación consciente, el de los sentimientos, el afecto y la sensibilidad. En este nivel, Buddhi no es brutal ni analítico. Es penetrante como el fuego (*Tejas*) e igualmente cálido como el fuego a nivel sensible y humanitario. Representa el dominio de *Sattva* (la pureza) dentro de Buddhi. Según el

Samkhya, es este aspecto de Buddhi que predomina en el ser humano consciente.

El segundo nivel de Buddhi es el nivel *Rajásico* (activo). Está ligado al aspecto lógico, dotado de razonamiento, brutal y crítico de Buddhi. Pertenece al dominio de las ciencias modernas y forma parte del Buddhi venerado por la sociedad moderna. Sin embargo, es insensible a la naturaleza y a la vida por causa del predominio de su energía Rajásica o dispersión. El nivel inferior de Buddhi está ligado a la mente dogmática, que se ata a conceptos rígidos y fijos como aquellos que se encuentran en los totalitarismos y en el fanatismo ideológico y religioso.

MANAS, LA MENTE INDIVIDUAL

Después del concepto de individualidad, o Ahamkara, el universo es múltiple. Esto da nacimiento a la "mente" o *Manas*. Aquí, el término "Mente" se refiere a varios niveles de funcionamiento. Manas, o la Mente, no es sólo pensar ni tampoco razonar que es parte del dominio intermedio de Buddhi. Manas es comparable al conjunto de nuestra psiquis. Es más bien un campo, un espacio o una cosa más que una abstracción. La Mente, o Manas, tiene una forma y puede verse, también se puede considerar como un objeto. Esto representa una parte esencial de la comprensión de *La Psicología de la Transformación en el Yoga*. La mente tratada como objeto en la tradición védica y yógica entrega la posibilidad de transformar nuestra psiquis porque es un objeto observable.

Para comprender mejor la psiquis, podemos dividir el funcionamiento de la mente en cuatros niveles diferentes: 1) el inconsciente (o el subconsciente que contiene el inconsciente colectivo) y la memoria, 2) la mente sentimental, pensante y emocional así como la parte condicionada de la mente, 3) la individualidad, el sentimiento del "Yo", la parte de la mente ligada al tiempo, y 4) la mente dotada de razón o Buddhi.

En sánscrito, estos cuatro niveles son llamados: *Chitta, Manas, Ahamkara* y *Buddhi*. En otras palabras, Chitta representa el nivel fundamental de la mente que incluye la mente inconsciente y colectiva de la humanidad. Nos lleva a buscar una pareja y a reproducirnos para poder mantener la especie con vida, a buscar el alimento. Representa el nivel de la mente común al reino animal y que incluye los instintos. Es a este nivel que se conserva la memoria colectiva y experimentada por el segundo nivel del mental (Manas). El siguiente cuadro nos permite visualizar estos conceptos:

Los Niveles de la Mente en el Samkhya		
Nivel	Nombre sánscrito	Función
1	Chitta	Inconsciente o subconsciente (incluso el inconsciente colectivo)
2	Manas	Los sentimientos, pensamientos, la mente emocional y también el condicionamiento de la mente
3	Ahamkara	Individualidad, sentimiento del "Yo", parte de la mente ligada al tiempo
4	Buddhi	La mente que discrimina, lógica, dotada de razón, conceptual, el intelecto

Manas es el sentimiento, el pensamiento, la mente emocional como parte de la mente condicionada por la familia, los amigos, la ciudad, el país y la raza. Manas es la parte de la mente a la cual se interesa la psicología moderna y de la cual somos más conscientes. Representa también la parte más inestable porque es influenciada directamente por los sentidos y el entorno. Representa la parte de la psiquis que recibe las impresiones exteriores y que las transmite a la mente, es la razón por la cual puede ser condicionada. Este nivel es compartido con el reino animal.

Ahamkara representa lo que acabamos de describir pero añadiendo además el factor del tiempo. Antes de Ahamkara, los conceptos de tiempo y espacio no existen. Cuando la Inteligencia Cósmica, Mahat, se diferencia, el tiempo y el espacio toman forma. Así, no sólo Ahamkara posee la cualidad de individualidad, el sentimiento del "Yo", pero también da nacimiento al tiempo y al espacio. Por lo tanto, la memoria original se conserva en Ahamkara como pensamiento "Yo" o pensamiento primero de la individualidad y no de los recuerdos de nuestra vida. Así, cuando el cuerpo humano muere, la memoria de las experiencias individuales conservadas en Chitta desaparece. El tiempo y el espacio desaparecen también con la muerte de la mente. *Jiva* (el alma) es eterna pero no posee memoria psíquica individual. El Jiva queda unido a la memoria del "Yo" por el Prana y permanece en el espacio y el tiempo sutiles esperando la próxima reencarnación.

Finalmente, Buddhi representa la parte individual de la mente como lo hemos descrito más arriba. En los textos sagrados antiguos como los Upanishads, estas cuatro partes del funcionamiento de la mente tienen un nombre colectivo: "Manas". Sin embargo, en el Samkhya, Manas se refiere exclusivamente a la mente emocional, pensante y condicionada. En segundo lugar, Manas se refiere a Chitta o la mente inconsciente. Según el Samkhya, los aspectos de Manas y de Chitta de la mente representan una manifestación inferior a aquellas de Buddhi y Ahamkara.

Manas se refiere a nuestra psiquis o mente emocional, a nuestros sentimientos y a la manera como la vida nos condiciona. Este nivel de la mente individual es fundamentalmente idéntico en los animales y los humanos. Podemos ver fácilmente como se condicionan los animales domésticos y que pueden perfectamente sentir y tener sus propias emociones. Su psiquis puede parecernos primitiva, pero tiene los mismos principios fundamentales que los humanos. El nivel de Chitta, la mente inconsciente, es idéntica para los humanos y los animales, pero tiene tendencia a variar según las especies.

Manas es nuestra mente pensante cotidiana. Nos permite funcionar a un nivel "normal" y está ligada a la vez a nuestro entorno y a otras personas. Si Manas es perturbada o traumatizada, los otros aspectos de la mente sufren entonces en su funcionamiento y sus relaciones. Manas es nuestra puerta individual hacia la realidad de la manifestación porque *es a la vez un órgano de recepción y de expresión.*

El Prana se manifiesta en esta dimensión como el poder pensar y el movimiento del pensamiento. Un Prana perturbado molestará la mente y generará un exceso de movimientos, produciendo pensamientos confusos y perturbados. Cuando Manas está en armonía, significa que el Prana está estable y circula fácilmente. Cuando el Prana es débil, el proceso de pensamiento se perturba y pueden aparecer problemas psicológicos.

En este nivel, los tres atributos de Prakriti (materia latente) son esenciales para el ser humano. Manas es verdaderamente el reino de la pureza o Sattva. Cuando los dos otros atributos (Rajas y Tamas) se ponen a dominar el lugar de Manas, aparecen perturbaciones mentales. El nivel de Chitta, la mente inconsciente, es el reino de Tamas porque está escondido, profundo y oscurecido por la vida normal. Ahamkara representa el nivel de Rajas, la acción y la energía, porque divide la Inteligencia Cósmica en mente individual y en multiplicidad cósmica. Esta fuerza de movimiento y de acción origina todo comportamiento humano. Buddhi representa sobre todo el lugar de Sattva pero, así como Manas, puede verse afectado tanto por Tamas como por Rajas.

"La Mente (Manas) es superior a los sentidos: el intelecto (Buddhi) es superior a la mente; Mahat es superior al intelecto; Prakriti es superior a Mahat. Purusha es superior a Prakriti porque impregna todo y no tiene ningún atributo de este mundo; el conocimiento de Purusha libera al hombre y le permite alcanzar la eternidad."
Katha Upanishad 2.3.7-8

TANMATRAS, LA MATERIA SUTIL

Hemos visto hasta ahora el universo en un estado sutil y diversificado. Junto con el principio de diferenciación (Ahamkara) apareció la aptitud para percibirlo (Manas). Es precisamente en esta dimensión del universo que la materia sutil va a dividirse en cinco partes. Hasta esta etapa, el universo no tiene forma sólida. Podemos decir que el "nombre" o la "clasificación" nacen con la mente, pero que la "forma", sutil o sólida, no ha surgido aún.

Las Escrituras antiguas se refieren muchas veces al "nombre y la forma" que aparecen con el sentimiento de la individualidad, o Ahamkara. Esta declaración es exacta, sin embargo, hay que agregar que la forma es aún sutil como en funcionamiento de la mente. Es la razón por la cual Manas es llamado "cosa" u "objeto", porque tiene una forma. No obstante, en este nivel, la forma sólida aún no se ha podido manifestar porque todavía no ha recibido suficientes indicaciones. Con esta nueva dimensión de la materia, como forma sutil (*Tanmatras*), la materia sólida adquiere el potencial de manifestarse.

En sánscrito, la palabra Tanmatra puede traducirse como "medida original" o "primera acción". Está en el origen de toda materia conocida. Los Tanmatras representan los potenciales de materia, ellos mismos no son materia, sino más bien potenciales. A este nivel de la creación, el Prana se divide igualmente en cinco subdivisiones. Podemos decir que los Tanmatras representan principalmente la división del Prana cuando éste es más denso o sólido. Por lo tanto, los Tanmatras son la fuerza dinámica puesta en movimiento por las cinco divisiones del Prana.

Los Tanmatras representan los cinco estados de la materia como una forma pura. Estos estados de la materia son descritos en los textos sagrados como una suerte de campo o un espacio, movimiento de gases, transformación, líquido o cohesión y, por último, sólido. Todo el universo manifestado puede clasificarse en una de estas cinco categorías. Los Tanmatras representan estos cinco estados de la materia en su forma más pura. Para que la materia pueda manifestarse, es necesario una interacción entre los diferentes estados; la dimensión de los Tanmatras es anterior a esta interacción.

Los Tanmatras (o la quíntuple división del Prana sutil) son también los únicos que pueden entregar el poder de los sentidos a la vida biológica. Los Tanmatras son la energía que permite percibir los objetos a través los sentidos de recepción (los órganos de los sentidos). De hecho, son la energía intercambiada entre el objeto y aquel que percibe el objeto. Sin su presencia, ningún objeto puede existir, y por lo tanto ser percibido. Una de las maneras para comprender estos poderes consiste en considerarlos cómo energías dinámicas que dan lugar a la forma y que permiten verla.

Una otra manera de concebir los Tanmatras es escrita en los *Upanishads* a través del concepto *vedántico*. Los *Upanishads* mencionan que existe una trinidad sutil presente en toda dualidad. Esta trinidad se manifiesta en diferentes niveles y bajo diferentes nombres, pero puede ser percibida u observada en todo momento. Primero, está el observador, luego el objeto a percibir, y luego la acción que consiste en percibir el objeto. El observador es Ahamkara usando el órgano de Manas; el objeto es la sustancia o la forma sutil que proviene de los cinco estados de la Materia; y la acción de percibir constituye los Tanmatras (Los diez *Upanishads* se refieren todos de una manera u otra a esta trinidad).

El nivel de los Tanmatras es también el de los sueños y de los mundos astrales o sutiles. Los reinos celestiales así como las otras dimensiones no físicas existen todos en este nivel. Los Tanmatras son la causa del universo astral y controlan todas las funciones en ese nivel. Nótese, que la mente (Manas) es anterior al plano astral y lo controla porque es la fuente de los Tanmatras.

LOS CINCO ESTADOS DE LA MATERIA

Es en esta dimensión que la forma surge. Antes de este nivel, no existe nada de concreto, estable o sólido. Sin embargo, los cinco estados de la materia ocurren por causa de la dimensión anterior, no pueden existir sin ella. Los textos antiguos entregan la siguiente analogía en el *Pancha Maha Bhutani* (cinco estados de materia) para permitir a los estudiantes comprender su formación y su funcionamiento: "A partir del vacío de la nada, un movimiento sutil de consciencia se desarrolló. Cuando este movimiento se volvió más concentrado, diversas formas gaseosas se manifestaron. Estos gases en movimiento provocaron la fricción que los transformó en condensación húmeda. Esta condensación comenzó a solidificarse y a formar líquido en forma de sustancia cohesiva. Finalmente, este líquido se estabilizó y se solidificó en materia sólida."

Los textos agregan que un décimo del espacio se vuelve gas, que un décimo de gas se vuelve calor transformador, que un décimo de ese calor se vuelve líquido cohesivo y que un décimo de líquido se torna sólido. Por lo tanto, la materia sólida contiene una ínfima parte de cada una de las otras. Esta interacción de estos estados permite la creación de la manifestación. Sólo el espacio y el éter son puros, los otros estados contienen todos partes de los estados anteriores.

Estos estados interactúan entre ellos llevando a la materia a manifestarse a partir de esta interacción. Estos estados de materia representan las categorías; toda materia puede entrar en una de las cinco categorías. Desgraciadamente, muchas veces son traducidas como "los Cinco Elementos", lo que nos da una idea inexacta de lo que representan. El término "elemento" no es representativo de la materia viva e interactiva descrita por la palabra sánscrita *Bhutani*.

Estado de la Materia	Atributo	Elemento
Área	Espacio	Éter
Gaseoso	Movimiento	Viento (Aire)
Transformador	Calor	Fuego
Humedad	Cohesión	Agua
Densidad	Sólido	Tierra

Estos cinco estados manifiestan también ideas y conceptos; no están limitados a una forma física, pero influencian igualmente la forma sutil por medio de los Tanmatras. Esta dimensión es la alquimia y otras ciencias antiguas como la astrología.

Estado de la Materia	Ideas Conceptuales
Área	Conexión, comunicación
Gaseoso	Movimiento, dirección, velocidad
Transformador	Luz, percepción
Humedad	Cohesión, unidad
Densidad	Densidad, estabilidad

Los cinco estados de la materia son las bases de todas las ciencias modernas. Provienen del resultado de la observación directa y pueden ser experimentadas y observadas directamente. Su naturaleza es existencial, empírica y experimental. El universo entero está compuesto de estos estados y tiene conocimiento por su interacción. Estos estados son profundos y es necesario practicar la contemplación para poder entenderlos, porque representan igualmente metáforas de los diversos arquetipos de la naturaleza en su conjunto.

LAS CINCO FORMAS DE RECEPCIÓN

Una vez la materia formada, se necesita ciertos medios para percibirla. Los sabios observaron que las cinco formas de la materia son percibidas respectivamente por los cinco órganos de los sentidos. Las cinco formas de recepción reciben el nombre y la forma (la clasificación y la estructura) de las cinco principales categorías de la manifestación.

Comúnmente llamados los cinco "órganos de los sentidos" en los textos antiguos del Samkhya y los Upanishads. Sin embargo, la palabra sánscrita tiene una profundidad y un significado más potente. *Jnanendriyani*, significa más o menos el *"potencial* de recibir, a todo nivel, las experiencias del mundo físico, mental o sutil". Estas cinco formas de recepción tienen que ver principalmente con la manera en como la psiquis recibe impresiones e informaciones provenientes del exterior.

Estas funciones son idénticas para los animales y los humanos. De hecho, estos tres grupos de cinco: los "cinco estados de la materia", las "cinco formas de recepción" y las "cinco formas de expresión" se originan al mismo tiempo. Los tres componen el universo físico común a todas formas de vida en la tierra. Los reinos vegetal y animal no poseen estas cinco formas de recepción y de expresión, pero tienen los cinco Tanmatras en los mundos astral y sutil.

En esta dimensión, que es idéntica para los tres grupos, el Prana se manifiesta como forma de poder que une y comunica. Para los cinco estados de la materia, el Prana se manifiesta como forma de poder unificador, permitiendo su interacción y su comunicación. Ellos los unen o los separa, según las necesidades. A nivel biológico, como en el Ayurveda, el Prana es llamado comúnmente la Teoría de los *Tridoshas* (o *Vata*, *Pitta*, *Kapha*). A nivel de la recepción, el Prana permite el movimiento del objeto hacia el órgano del sentido y la coordinación de los sentidos mismos. A nivel de la expresión, el Prana permite el movimiento de la expresión así como la capacidad de expresarse.

LAS CINCO FORMAS DE EXPRESIÓN

Tal como existe la necesidad de recibir la manifestación, también es igualmente necesario establecer una interacción con este universo con la ayuda de la expresión. Por lo tanto, existe un equivalente para la expresión que corresponde a las cinco formas de recepción. Los Upanishads dicen que la Consciencia Pura o Purusha se manifiesta para interactuar con ella misma. Esta manifestación a veces es llamada el juego divino o *Lila*. Entonces, los medios de recepción y de expresión son indispensables para que Purusha pueda hacer la experiencia de sí misma.

Cuadro de las Relaciones		
Estado de la Materia	Recepción	Expresión
Espacio: el éter	Oído: las orejas	Palabra: la boca
Movimiento: el viento	Tacto: la piel	Estrechar, tomar: las manos
Calor: el fuego	Vista: los ojos	Moción: los pies
Líquido: el agua	Gusto: la lengua	Emisión: aparato uro genital
Sólido: la tierra	Olfato: la nariz	Eliminación: el ano

El círculo de la creación no está completo si no tiene los medios de expresión. Es necesario que haya un medio para expresar la alegría así como el dolor que proviene de las impresiones recibidas de la manifestación. Este medio promueve la libertad de reaccionar según el atributo o Guna predominante en la dimensión mental. Si los atributos que predominan psicológicamente son extravertidos (Rajas), las expresiones serán entonces dinámicas, agresivas y orientadas hacia un objetivo preciso. Si los atributos dominando la mente son lentos (Tamas) la inercia reinará entonces en la expresión de emociones negativas, violentas y también en una falta de expresión.

De esta manera, el acto mismo de expresarse cierra el ciclo de la creación. Entonces, esto puede significar el fin y el comienzo del proceso de creación. Cuando los atributos de armonía y de paz predominan en la dimensión mental, el ciclo se vuelve productivo y de gran ayuda para la humanidad entera. Cuando los otros atributos predominan, la expresión se vuelve destructiva para la creación y para toda la humanidad.

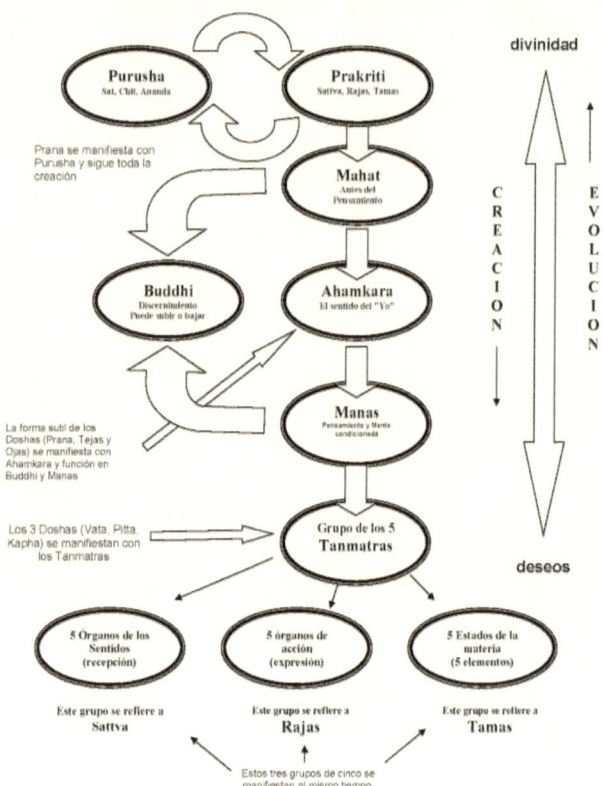

La Visión Samkhya de la Creación

LOS VEINTE ATRIBUTOS DE LA NATURALEZA

En el Samkhya, existe un sistema lógico de identificación que permite reconocer qué objeto de la manifestación está presente. Este sistema está ligado a la naturaleza dualista de la manifestación y se refiere al aspecto de la polaridad de la creación representadas por las polaridades "masculino/femenino" o "negativo/positivo". Estos aspectos existen en forma de diez pares y todo objeto o estado puede ser definido por uno de estos pares. Esta lista no está completa porque se pueden agregar otros pares, pero éstos diez se consideran los más importantes y fundamentales para la comprensión de las cualidades de la creación.

Estas veinte cualidades son subdivisiones de los tres Gunas (atributos) de Prakriti: Sattva, Rajas y Tamas. Estos diez pares de opuestos emanan de la correlación que existe entre los tres primeros atributos. Están directamente ligados a Prakriti (la materia latente). Son usadas para clasificar la materia en todos sus niveles. Son también utilizadas, a nivel sutil, en Astrología, para poder comprender las energías arquetípicas de los planetas, los signos y las casas. En Ayurveda, se usan para comprender los cinco estados de la materia y también cómo los Doshas las controlan.

Negativo/Frío	Sánscrito	Positivo/Caliente	Sánscrito
Frío	*Shita*	Caliente	*Ushna*
Húmedo	*Snigdha*	Seco	*Ruksha*
Pesado	*Guru*	Ligero	*Laghu*
Burdo	*Sthula*	Sutil	*Sukshma*
Denso	*Sandra*	Fluido	*Drava/Sara*
Estático	*Sthira*	Movible	*Chala*
Lento	*Manda*	Rápido	*Tikshna*
Suave	*Mridu*	Duro	*Kathina*
Liso	*Shlaksna*	Rugoso	*Khara*
Turbio	*Picchila*	Claro	*Vishada*

Según los textos clásicos, la manera cómo los veinte atributos están ligados a su fuente, los tres Gunas (atributos) de Prakriti (la materia) es la siguiente:

Guna	Cualidades
Sattva	Ni frío ni calor, ni húmedo ni seco, ligero, sutil, movible, rápido, suave, liso, claro
Rajas	Caliente, ligeramente húmedo, un poco pesado, burdo, movible, rápido, duro, rugoso, espeso
Tamas	Frío, húmedo, pesado, burdo, sólido, estático, lento, duro, rugoso, turbio

Toda materia puede ser clasificada con estos diez pares de opuestos. Esta clasificación nos entrega una metodología que permite utilizar el Samkhya como base en la medicina, la astrología, la psicología y en cualquier otra ciencia física. Estos pares se encuentran en todos los objetos y en todas las situaciones. Siempre se pueden ver y usar para comprender la creación. Nos entregan un modelo del universo sutil y observable. Nos ayudan a comprender el equilibrio natural que opera con la ayuda de las fuerzas opuestas para poder mantener el equilibrio en la creación, según la perspectiva védica, tal como los *Rishis*, o sabios, lo observaron.

5
LA UTILIZACIÓN CORRECTA Y ERRÓNEA DE LA MANIFESTACIÓN

"Atman (el Absoluto) no es ni masculino, ni femenino, ni neutro. No tiene que ver con la percepción o el razonamiento. ¿Por qué preguntarse si el Absoluto es dichoso o carece de dicha?"
Avadhuta Gita 1.47

El movimiento descendente de Purusha, la Consciencia Pura, lleva a que la creación se manifieste a través de Prakriti. El movimiento ascendente de Purusha a partir de la materia se llama autorrealización del Ser o "movimiento hacia la realización de uno-mismo". Esto porque el "Ser", o la esencia, de toda forma de vida es Purusha. Así, realizarse, ser uno-mismo, simplemente significa saber que la Consciencia Pura (Purusha) es la fuente de toda la creación. Este conocimiento no sólo se aplica a los seres humanos. La manifestación entera tiene la aptitud de elevarse hacia Purusha, cómo lo hacen los seres humanos. La autorrealización del Ser se llama también iluminación y existe fuera del tiempo y del espacio y por lo tanto no es un proceso.

Como lo hemos mencionado en los dos capítulos anteriores, la manifestación creadora de la materia se produce sin ningún objetivo real. Sin embargo, los textos antiguos dicen que dos conceptos importantes se manifiestan durante la creación:

1)   Cuando la consciencia desea hacer la experiencia de sí misma, necesita el Jiva de la manifestación.

2)   Cuando la manifestación se experimenta, el Jiva puede unirse al Purusha manteniendo una forma física.

El segundo punto es un aspecto esencial del Samkhya para la persona contemporánea que busca transformar su vida porque ofrece una alternativa al materialismo mental predominante.

Según el Samkhya, el objetivo fundamental de la vida es, en primer lugar experimentar la vida y luego unirse a la fuente de la vida o Consciencia Pura. En el Samkhya, cualquier otro uso de la creación es una pérdida de tiempo o, al menos, un mal uso de nuestra encarnación.

A partir de este concepto surgen muchas preguntas siendo la esencial: "¿Por qué Purusha se da el trabajo de manifestar la creación si su meta consiste en regresar a sí mismo?". Los textos antiguos nos responden que la libertad es muy respetada. Si no hay creación, no existiría tampoco la elección de volver a la fuente de la creación. Entonces, el Samkhya es un enfoque positivo y no fatalista de la creación en todos sus niveles (El Bhagavad Gita aborda esta pregunta en detalle. Hay comentarios interesantes al respecto en el Shvetashvatara Upanishad).

"Purusha y Jiva no se encarnan: uno conoce todo, es omnipresente y el otro es ignorante y limitado. Prakriti (Maya) es aquel que tiene el placer, es el placer y el objeto del placer. El Ser es infinito porque es la fuente del universo; no es la causa ni tiene atributos. Nos liberamos cuando nos damos cuenta que la trinidad es sólo el Ser.
Shvetashvatara Upanishad, 1.9

Debemos entender cuales son las utilizaciones correctas de la manifestación en sí, aún cuando sólo queramos aprovechar el Samkhya como sistema práctico para transformarnos, mantenernos con buena salud y descubrir la felicidad y la paz para los otros y para uno mismo. Es evidente que esto comienza por la comprender la manera cómo las cosas aparecen y en qué orden se presentan. Lo hemos explicado en el capítulo anterior.

La clave que permite utilizar la creación de manera beneficiosa está centrada en Buddhi, el intelecto. Buddhi tiene la capacidad de desplazarse hacia arriba o hacia abajo en la creación. Puede desplazarse fácilmente hacia arriba en un estado no fragmentado puesto que proviene directamente de la Inteligencia Cósmica (Mahat). Buddhi tiene también una relación privilegiada con el condicionamiento emocional de la mente o Manas. Cuando Buddhi es controlado por el condicionamiento emocional de la mente, se crea un movimiento general descendente dirigido hacia los deseos y el mundo materialista.

Manas, el condicionamiento emocional de la mente, es un excelente servidor y un pésimo amo. Cuando Buddhi, el intelecto, sigue un movimiento ascendente, Manas se vuelve entonces un buen servidor. Sin embargo, si Manas domina Buddhi, se vuelve entonces el amo y lleva al individuo a un movimiento descendente desprovisto de evolución.

Manas, nuestro condicionamiento psicológico, está ligado a la creación a través de las Cinco formas de Recepción (los órganos de los sentidos) y las Cinco formas de Expresión (los órganos de acción). De esta manera, la clave para controlar las funciones mentales y emocionales pasa por el uso adecuado de los sentidos (recepción). El uso incorrecto de los sentidos llevará a Buddhi a quedar bajo la influencia de Manas y a ser atraído por los deseos y las trampas. Esto es porque Manas se vuelve más potente que Buddhi cuando los sentidos son sobre estimulados o cuando son utilizados de manera destructiva.

Encontramos un ejemplo simple en una de mis pacientes que tenía presión alta. Le entregué una lista de alimentos conocidos por su capacidad para elevar la presión, recomendándole evitarlos completamente si era posible. Desgraciadamente, su mente emocional era más fuerte que su intelecto, continuó comiendo chocolate y tomando vino y café, alimentos que aumentan la presión sanguínea. La paciente escogió consumir medicamentos sintéticos en vez de desarrollar buenas costumbres que su intelecto le indicaban ser correctas. En el plano emocional, ella tenía necesidad de alimentos que le ayudaran "a sentirse bien" como el chocolate y el café pero que destruían lentamente su metabolismo.

En el Samkhya, la mente emocional crea y mantiene sus deseos. La utilización excesiva de los sentidos y del Manas conlleva a deseos excesivos. Podemos afirmar que los deseos provienen del condicionamiento emocional de la mente que son percibidos por las cinco formas de recepción y son satisfechos por los cinco sentidos de expresión.

Por ejemplo, imaginemos que camino por la calle y que veo un postre de chocolate en una vitrina. Mis emociones me dicen: "Hummm..., debe estar muy rico", mi intelecto me dice: "No tengo hambre, acabo de almorzar". ¿Cuál de los dos ganará? ¿Quién decidirá, el intelecto o la mente emocional?

En el ejemplo que acabamos de ver, la salud es la preocupación fundamental. Es evidente que comer un postre de chocolate de vez en cuando no le hará daño a nuestros cuerpos. Sin embargo, cuando el condicionamiento emocional de la mente es muy fuerte, podemos consumir una cantidad excesiva de "sustancias nutritivas negativas", por ejemplo los postres de chocolate, que terminarán por destruir nuestra propia salud. La salud no es el único nivel en el que el condicionamiento emocional de la mente crea los deseos. Este mismo escenario se aplica igualmente a los hábitos psicológicos.

Cuando la satisfacción de los sentidos se vuelve la preocupación principal de nuestra existencia, la creación se desperdicia. Esto significa que cuando la comida, el sexo, el dinero y el sueño se vuelven las principales metas de un individuo, éste no se eleva más. Según el Samkhya, estas metas son idénticas a aquellas que motivan los animales: alimento, sexo, comodidad y sueño. Cambié el término "comodidad" por "dinero" porque el dinero puede comprar cierta comodidad en nuestra sociedad contemporánea. Por lo tanto, los textos antiguos dicen que una vida así es parecida a la vida de los animales, y que, por ende, es una encarnación inútil.

Utilizar correctamente la manifestación consiste en poder gozar del alimento, del sexo, de la comodidad y del sueño, sin que éstos representen el principal objetivo o sentido de nuestra vida. No hay nada malo en sentir placer. El problema surge cuando el placer o la satisfacción de los sentidos se transforman en la tendencia predominante en la mente. Se vuelve el centro de nuestra vida. Orientar nuestras motivaciones principales hacia objetivos humanitarios constituye una manera de aprovechar nuestra vida en la tierra. Otra manera consiste en buscar cómo encontrar la fuente de la creación o el origen del "Yo". Este último estado es el objetivo superior de la humanidad, según el Samkhya.

Mi maestro espiritual decía a menudo que la especie humana en su conjunto, se interesaba únicamente en el alimento, el sexo y el sueño. Muchas veces repetía que era raro encontrar alguien que se interesara verdaderamente en descubrir sus orígenes. Cuando descubrimos el lugar de dónde venimos, descubrimos igualmente de dónde viene la creación entera.

El Samkhya viene de la observación directa de las personas que han descubierto su propia fuente.

La clave que permite el acceso a este conocimiento es la utilización correcta del intelecto, o Buddhi. Como lo explicamos en el capítulo anterior, Buddhi existe únicamente como potencial en los seres humanos. Debe ser desarrollado y utilizado. Además, no corresponde al género de intelecto bruto con el cual asociamos el término "intelecto". Buddhi es el poder mental de razonamiento y análisis y también tiene un aspecto de compasión y amor.

La utilización occidental del intelecto implica un razonamiento desprovisto de amor y de compasión. Según el Samkhya, el significado de Buddhi es todo lo contrario. La definición de la cualidad superior de Buddhi representa la discriminación. Con un Buddhi desarrollado, estamos capacitados para diferenciar lo real de lo irreal (Consciencia y Materia). Este poder de discriminación es también el poder del amor.

La verdad es amor y ser capaz de discriminar entre el amor y la ausencia de amor es la cualidad superior de Buddhi.

Somos incapaces de discriminar a menos que se experimente parte de estos dos aspectos. Buddhi tiene el aspecto amoroso de Mahat, la Inteligencia Cósmica, porque la inteligencia consciente es, en sí misma, amor. Mahat manifiesta las cualidades de la dicha, la alegría y la paz. Es imposible que Buddhi, el hijo de Mahat, no tenga estas cualidades porque el Samkhya enuncia claramente que Buddhi es la parte individual de Mahat en los seres humanos.

Lo que entendemos por "intelecto" en nuestra cultura contemporánea es sólo el nivel intermedio de Buddhi. El arquetipo del profesor de universidad con un cerebro y una memoria súper desarrollada no representa una persona que ha podido desarrollar Buddhi según el Samkhya. Cuando Buddhi está completamente desarrollado, deja lugar a un ser humano bien equilibrado, no a un "intelectual" neurótico, ni a un brillante profesor "distraído". Estas personas muchas veces son dotadas de inteligencia pero esta inteligencia no es un estado superior de Buddhi.

Buddhi escoge la verdad, la belleza y la armonía en todos los niveles de la vida, a través de su poder de discriminación. Buddhi abarca el amor, la compasión y la bondad que pueden faltar en la definición moderna del "intelecto". Buda o Jesucristo representan ejemplos de un Buddhi que tiene la capacidad de conducirnos a la Inteligencia Cósmica y finalmente a la Consciencia Pura.

Buddhi representa entonces la utilización adecuada de la creación en el Samkhya. Cuando la mayor parte de las personas se sienten desgraciadas o insatisfechas en nuestra cultura contemporánea, el estudio de la visión del Samkhya puede ayudarlos a empoderarlos y aclararlos, no solamente en lo que respecta a la creación, sino también les permite utilizar la creación para perfeccionarse y para el mejoramiento de la humanidad en general.

"Cuando el órgano del intelecto se asocia continuamente a una mente sin control, se vuelve indiscriminado y la mente se conduce como los caballos descontrolados de un carro de guerra."
Katha Upanishad 1.3.5

EL KARMA

Otro aspecto de un Manas muy poderoso y de un Buddhi muy débil tiene que ver con el *Karma* o la ley de causa y efecto. El Karma en sí es también un término mal comprendido. Su traducción literal del sánscrito es "acción". Simplemente representa la ley de la causa y efecto y nada más. Así, cada acción producida por un ser humano tiene como resultado una reacción o un efecto. No existe un "bueno" o "mal" Karma. Sin embargo existe una comprensión más explícita que prueba que los "efectos" están directamente ligados a las "causas".

Esto significa que muchos comportamientos generarán el mismo tipo de resultados. La incomprensión del "bueno y malo" viene de esta relación directa entre la causa y el efecto. Los actos humanos tienden a reproducir resultados humanos, etc. El problema en la comprensión del Karma viene de la obsesión que tenemos del universo conceptual material. Consideramos todo, culturalmente, desde un punto de vista material. Sin embargo, el Samkhya se interesa a la manifestación de la Consciencia y a la toma de consciencia de esta Consciencia en la manifestación.

La confusión viene de esta diferencia de orientación. El Karma no está limitado a una encarnación física de la manifestación. El Karma está directamente ligado a la consciencia individual por el Prana. El Prana une Jiva (alma) a Ahamkara, manifestación y Karma de la persona. Entonces, las "buenas" acciones pueden ser no visibles o no manifestadas en la vida misma donde la "causa" se produce. El Karma está ligado a Jiva (alma) y se le dan diferentes nombres en sánscrito, tales como *Vasanas* y *Samskaras*, que se traducen en impresiones latentes que se guardarán y transportarán en las futuras encarnaciones. Así, mientras Jiva exista, el Karma estará unido a él por el Prana.

La preocupación principal de la creación, después de la manifestación de la materia, concierne la unión del Jiva individual con el Purusha universal. El Karma tiene un papel importante en este retorno porque es el principal obstáculo o factor de prevención. Por lo tanto, la enseñanza del Samkhya y de los Upanishads es que, en primer lugar, no deberíamos crear el Karma, sea "bueno" o "malo", porque ambos sujetan Jiva a la creación. Es importante entender la manera cómo el Karma es creado y luego comprender cómo no crearlo (El texto más preciso para el Karma es la

Bhagava Gita).

El Karma es posible primero a través de Ahamkara y es entonces que surge. Esto representa el elemento clave para la manifestación. Sin embargo, es el funcionamiento del Manas (condicionamiento emocional de la mente) que crea el Karma. Ahamkara necesita un "órgano" en el cual él pueda "provocar" las acciones y Manas es "el órgano" del "Yo" o Ahamkara. Al igual que los cinco sentidos permiten a Manas recibir las informaciones, Manas es también el órgano de recepción para Ahamkara; como lo es para los órganos de expresión y de acción.

Manas es el transporte por medio del cual Ahamkara está en el universo. Es a través de las acciones de Manas que el Karma se crea. El elemento regulador de este proceso constituye el movimiento ascendente del Buddhi que permite a cada persona unirse a Mahat, pasando por alto Ahamkara y el proceso kármico. Sin embargo, si Buddhi sigue un movimiento descendente, Manas se vuelve más poderoso para unir la persona con sus deseos, lo que lo lleva a identificarse con sus acciones.

Los deseos constituyen un factor causal del Karma. En otras palabras, los deseos crean el Karma. Es la razón por la cual los "deseos" tienen una mala connotación en la mayoría de las principales religiones. Sin embargo, este término está igualmente muy mal usado y frecuentemente incomprendido. Los deseos no son ni "buenos" ni "malos". La mejor manera de definir los deseos consiste en colocarlos en el contexto del Samkhya y de las antiguas disciplinas védicas. Para esto, debemos volver a la fuente de la creación. Cuando la orientación fundamental de Ahamkara tiene un movimiento descendente (como aquella que se manifiesta a través Manas y Buddhi), los deseos aparecen. Esto significa que necesitamos experimentar la manifestación por medio de los sentidos y de la "identificación" con el "Yo" que vive las experiencias. No obstante, cuando la orientación fundamental de Ahamkara (de nuevo a través de Manas y Buddhi) tiene un movimiento ascendente, a creación de Karma comienza entonces a detenerse progresivamente porque Jiva comienza a identificarse a Mahat en vez de identificarse al "Yo" o al experimentador.

Podemos explicar este fenómeno de otra manera. Cuando nos identificamos como individuos separados, creamos Karma. Cuando nos identificamos con Mahat, con el principio cósmico de Purusha, no creamos Karma. El Karma termina definitivamente cuando la identificación de la persona se absorbe en Purusha. Aun en Mahat, existe un nivel cósmico sutil de causa y efecto.

Si Manas es más poderoso, el Karma se crea aún más. Si Buddhi tiene un movimiento descendente a causa del Guna Tamas, el Karma se vuelve más poderoso. El uso correcto de los sentidos (o la expresión y la recepción) es muy importante porque son ellos que ayudarán a tener más o menos Karma. Sin embargo debemos señalar que, según el Samkhya, un simple pensamiento puede crear Karma porque representa "algo" activo. Recuerden que la mente se considera como un objeto. Por lo tanto, un pensamiento obligatoriamente producirá un efecto o un resultado, porque es un objeto de la mente.

En primer lugar, todo el asunto del Karma se resume a que conservamos nuestra mente (Manas). En segundo, depende de lo que expresemos. Si la muerte y la destrucción son nuestra expresión, serán parte también de nuestra mente. Lo mismo se aplica para los deseos. Hay una bella historia a propósito de los deseos:

"Una prostituta y un cura vivían en el mismo vecindario y se cruzaban a menudo en la calle. Con el tiempo, la prostituta muere y poco tiempo después, muere el cura. El cura llega a las puertas del paraíso y se sorprende al saber que sería enviado al infierno. Consternado, mira por las rejas y ve a la prostituta quien, desde el paraíso, lo saluda con la mano. Indignado, pregunta por qué, si él había pasado toda la vida al servicio del Señor, no se le permitía la entrada al paraíso, mientras que la prostituta que había pasado su vida al servicio de los placeres terrestres sí tenía derecho. El ángel le respondió: "cuando ella hacia su trabajo, sólo pensaba en el Señor, mientras que tú, sólo pensabas en la prostituta".

Los deseos funcionan así; revelan la profundidad de Manas, el condicionamiento emocional de la mente. En lo que respecta al Karma, nuestras acciones son segundarias. En esta parábola, las actividades de toda una vida del cura no fueron suficientemente fuertes como para cambiar el Karma creado por su mente, o por su deseo de lujuria. Por lo tanto, podemos decir que los deseos hacen el Karma o bien, que el Karma es el resultado de nuestros pensamientos.

Según el Samkhya, el uso correcto de la manifestación, y de las antiguas disciplinas que conlleva, tienen como meta la unión con Purusha. La ciencia de este proceso se llama Yoga, que viene de la raíz sánscrita *yug* cuya significado literal es "unir". En nuestra sociedad actual, el Yoga se ha vuelto una práctica de posturas físicas. El sistema del Samkhya es en sí Yoga o la metodología práctica que une a la persona con la causa primera de la creación.

El Samkhya considera que cualquier otro uso de la manifestación es un desperdicio. Nótese que el amor es un atajo hacia la Consciencia primera y que el camino de la devoción, *Bhakti*, no forma parte del dominio del Samkhya empírico. Mi maestro decía que era muy difícil para los occidentales seguir este camino porque el principio de Ahamkara es extremadamente desarrollado por el condicionamiento occidental. Las mujeres pueden seguir más fácilmente este camino que los hombres. Sin embargo, independiente del método, del camino o del sistema que podamos emplear, el acento debe ponerse en la unión con la fuente original de la creación, Purusha.

Vaidya Atreya Smith

6
LA LIBERACIÓN O EL MOVIMIENTO ASCENDENTE

"La creación del universo sutil y burdo no es ni para ustedes, ni para mí. La mente sin forma creó el concepto de diversidad. No existe ni unidad ni diversidad para ninguno de nosotros. Yo soy Existencia-Conocimiento-Beatitud (Satcitanand) e infinito como el espacio."
Avadhuta Gita 3.39

Según los textos clásicos del Samkhya, Purusha, o la Consciencia Pura, nunca pierde su calidad de unidad durante el proceso de creación. Aún cuando el principio de individualidad nace con la dimensión de Ahamkara, Purusha permanece puro e intacto. Por lo tanto, Samkhya se basa en la unidad y no en la fragmentación. Según esta visión, toda vida es una unidad fundamental que siempre tiene un principio de consciencia única, aún a través de la diversificación.

Cuando enseño el Samkhya como parte de las antiguas disciplinas, se me pregunta muchas veces que es lo que pasa con otras formas de vida y cuál es su lugar en el proceso de la creación. El Samkhya, que hemos ilustrado en los capítulos anteriores, describe principalmente la creación de la materia en su conjunto así como también su relación con la inteligencia consciente. El siguiente cuadro representa el esquema de evolución fundamental de las diferentes formas de vida, luego de la manifestación de los cinco estados de la materia. Como vemos, existen diferentes formas de evolución al interior del reino animal, vegetal y mineral. Esta información es sólo general y puede ser dividida en categorías más específicas si es necesario.

Parte superior de la creación	Grupo general de las especies
	Humanos
	Mamíferos
	Pájaros
	Reptiles
	Pescados
	Insectos
	Crustáceos
	Árboles
	Plantas con flores
	Líquenes y musgo
	Amebas o Virus
	Minerales cristalinos
Parte inferior de la creación	Minerales no cristalinos

En la parte inferior del proceso de creación, encontramos la materia sólida que se manifiesta como minerales no cristalinos, rocas y piedras. Purusha existe en este nivel y continúa manteniendo su pureza y su integralidad como elemento causal de la creación.

El Samkhya nos dice que toda creación tiene la capacidad de volver a su estado primero, a Purusha. Los textos mencionan claramente que la creación entera regresará probablemente a Purusha, a su fuente. Este fenómeno podría ser denominado "evolución consciente".

En el contexto del Samkhya, el término evolución es diferente de su definición contemporánea. Según la mirada antigua, el cuerpo físico de la forma no es más que un medio que le permite a la consciencia individual, o Jiva, volcarse hacia sí misma, hacia el Purusha original. Es ridículo centrarse en la forma física. El énfasis debe ponerse en Purusha, primero en su diversificación y luego en su reintegración. En las ciencias modernas, el énfasis está puesto solamente en la forma como fue ilustrado por Darwin y más tarde por las ciencias físicas modernas.

Existen varias denominaciones y términos que tratan de describir la división aparente de Purusha en la creación. Este tema ha sido debatido durante miles de años y no será nunca comprendido por el intelecto o la razón. Los textos antiguos de los Upanishads y mi maestro también, insisten en el hecho que Purusha no cambia a lo largo del proceso de la creación, permanece como el principio original no dividido. Este concepto desconcierta la mente lógica que no puede comprender que algo pueda ser dividido y al mismo tiempo no cambie.

Para comprender este concepto, podríamos compararlo con un terreno en el cual todo se produce. Aunque haya actividad en este terreno, el terreno en sí no cambia. El "terreno" de Purusha existe a la vez antes del tiempo y del espacio y con anterioridad al nombre y a la forma. Es la causa y no el resultado. Como causa existe antes y mantiene la aparente realidad de esas divisiones del tiempo y del espacio. Puesto que nuestra mente funciona a la vez en el tiempo y el espacio, nos es imposible comprender verdaderamente que la aptitud de Purusha consiste en ser simultáneamente unidad y multiplicidad.

Cuando hemos experimentado, aceptado y comprendido estas contradicciones, nos es posible proseguir en la comprensión de la evolución tal cual está expuesta en el sistema del Samkhya. La evolución se refiere al Jiva y no a la forma o a las especies. La evolución se refiere a la reintegración de Jiva en Purusha. Además, el Jiva nunca se separa de Purusha, entonces siguiendo el pensamiento contemporáneo, no hay evolución, sólo un retorno, el retorno hacia sí mismo. El término "movimiento ascendente" es usado en lugar del término "evolución" para describir el retorno de Jiva a Purusha. No hay proceso de evolución en esto retorno, entonces no puede ser llamado verdaderamente evolución.

Este concepto es el "secreto a voces" en los místicos de todas las religiones. Es la verdadera meta de la humanidad, en entender que somos a la vez fuente y resultado de la creación. Realizar y experimentar esta verdad es definida bajo diferentes nombres como realización, despertar, iluminación, consciencia de Jesucristo, libertad o liberación.

En el movimiento ascendente de Jiva hacia Purusha, muchas formas son creadas. Los textos más antiguos mencionan que Jiva atraviesa más de cuarenta mil especies diferentes. El ser humano es la última especie. Es la razón por la cual el Samkhya declara que el objetivo de la reencarnación humana consiste en descubrir que Jiva y Purusha son idénticos y que existen en todos los seres humanos. Si no conseguimos darnos cuenta de esta realidad, se genera un movimiento descendente en la creación. Entonces, fracasar en el conocimiento de la realidad lleva Jiva a encarnarse en una forma menos evolucionada.

La evolución de las especies no es otra cosa que el movimiento de Jiva retornando a Purusha. Esta es la doctrina de la reencarnación. El movimiento de Jiva a través de las diferentes especies no es más que la encarnación, repetidamente, de Purusha retornando a sí.

Sin embargo, según el Samkhya, no existe una verdadera evolución de especies, sino que se trata más bien de una adaptación y no una transformación de una especia a otra. Así, en el Samkhya, cada especie representa una dimensión de la creación para que Purusha la pueda experimentar. El movimiento a través de las diferentes especies se produce con el fin que Purusha experimente las varias apariciones que pertenecen a la creación. Esta es "la ausencia de razón" de la creación, para que Purusha se experimente a sí mismo.

Según el Samkhya, la encarnación de Jiva en su forma humana representa un apogeo en su lento regreso a través de las cuarenta mil diferentes formas de vida. Pero una encarnación humana raramente es suficiente. El movimiento a través de las encarnaciones toma mucho tiempo y esto puede necesitar varios miles de encarnaciones para llegar a la comprensión final que todo es Purusha. Así, hay seres humanos que se comportan como seres humanos, otros que se comportan como animales y la mayoría tienen un comportamiento entre ambos. Los valores y los objetivos de una persona revelan el tipo de encarnación humana.

Sin embargo, a fin de cuenta, todo Jiva que se

separa aparentemente de Purusha, volverá a Purusha. Este retorno constituye el objetivo de la creación. Según el Samkhya, el movimiento del conjunto de la creación consciente es "ascendente" y ese es su propósito. Ello significa que todo el mundo terminará eventualmente uniéndose de nuevo a su naturaleza original, a Purusha indivisible. Esto se producirá porque es un fenómeno natural de la manifestación.

El libre albedrío es primordial en el curso de este proceso. Si la persona no toma una decisión consciente, le será imposible crear un movimiento ascendente hacia Purusha. La elección personal es la condición fundamental del Samkhya. Una persona que no escoge conscientemente llegar a ser más consciente tiene la completa libertad de recaer bajo la influencia de los sentidos y los placeres que dan nacimiento a los deseos ilimitados. Escoger interrumpir la creación de los deseos representa ciertamente el cambio más difícil y más importante que un ser humano pueda emprender.

Hace miles de años, que existe una escuela de pensamiento que describe todo como siendo "ilusión" o "Maya". Uno de los principales aspectos de esta enseñanza revela que todos los deseos son infinitos y que mantienen a la persona en un movimiento descendente. Por lo tanto, esta escuela le dio el nombre de "Maya" o ilusión a Prakriti, la materia latente, porque podemos encontrar el origen de todos los deseos en el nivel primero de la materia latente. La creación entera, así como los deseos, provienen de este Prakriti. Por lo tanto, el fundador de esta escuela declaró que toda creación es ilusión porque se manifiesta como nombre y forma, tiempo y espacio y que es de doble naturaleza. Los deseos refuerzan este proceso de creación.

Cualquiera puede detener en todo momento el movimiento descendente de los deseos dando lugar a más creación. El Samkhya no es muy claro en este punto; ¿Qué lleva a que una persona escoja el movimiento ascendente de la consciencia? Mi maestro tenía dos respuestas diferentes a esta pregunta. En la primera decía que son la suerte o el mérito, lo que significa que no existe una razón directa. La otra razón, excepcional y menos común, es que esa persona debía tener una mente con predominancia de *Guna Sattva* (atributo de armonía y de paz).

Lamentablemente, este concepto de harmonía psicológica (Sattva) ha sido malinterpretado en nuestra época. Los Upanishads nos enseñan que una persona debe tener un ego antes de poder ultrapasarlo. En este sentido el desarrollo de la sicología iniciado en los años sesenta por el Movimiento de potencial humano, ayudó a muchas personas a prepararse para una posible reintegración del Jiva en Purusha. *Sin embargo, muchas personas asumieron erróneamente que el proceso de reintegración era un substituto a la psicoterapia o la psiquiatría.*

Es necesario estar equilibrado de mente (como también de cuerpo) para poder desarrollar el atributo Sattva en Buddhi. Conservar en uno mismo los problemas emocionales impide que Sattva se desarrolle y retrasa la vuelta de Jiva hacia Purusha. He visto en la India y en Occidente que las personas que tienen problemas emocionales o mentales que siguen una práctica "espiritual", piensan que son armoniosas, pacíficas y puras por naturaleza (Sattva). Esta ilusión de uno mismo indica una ausencia de Buddhi y de su cualidad superior que es la discriminación. El examen de uno mismo es ciertamente la herramienta más preciosa que un ser humano pueda desarrollar.

Sin discriminación, la función mental quedará en un estado de ilusión y de imaginación. Los seres humanos necesitan estar equilibrados mentalmente para poder retornar a la fuente de la consciencia. El Samkhya establece que Manas o el condicionamiento mental, es el órgano más sensible de los seres humanos. Si este órgano de recepción está dañado, es muy difícil sanarlo. Encontramos varios ejemplos de esto en los veteranos y sobrevivientes de las guerras como la de Vietnam. Los niños, en particular, son aún más sensibles.

Estudios recientes señalan que los niños que han sobrevivido a guerras quedan traumatizados de por vida. Conozco personalmente a septuagenarios que crecieron en Europa durante la segunda guerra mundial. Durante su niñez, estas personas vieron adultos y niños matados frentes a sus ojos. Ellos crecieron en medio de bombas que caían durante la noche cerca de sus casas. Conozco una señora de setenta años que siempre ha tenido pesadillas, bruxismo y gime durante su sueño.

Escoger el movimiento ascendente de la creación es la meta final de la humanidad. Sin embargo, es importante darse el tiempo para arreglar sus problemas psicológicos y resolver problemas pasados. Si no, seguimos con un nivel emocional inmaduro o incapaz de comunicarnos con la sociedad material, considerada como "normal" para la mayoría de las personas. Es fácil ver este fenómeno incluso en personas que enseñan la meditación desde hace 20 años, que tienen relaciones personales perturbadas o que manipulan sus estudiantes al amparo del "conocimiento" o cómo "Gurús". Además, algunos piensan que el hecho de repetir sonidos de una sílaba durante varios minutos al día es suficiente para el desarrollo personal y espiritual. Si bien es cierto que los sonidos tienen una función importante en la creación, no son suficientes para la realización espiritual. Cantar mantras (sonidos de una sílaba) no resolverá los problemas emocionales ni psicológicos. Sin embargo, los mantras armonizan el condicionamiento emocional de la mente (Manas) lo que es importante y es una ayuda significativa en psicoterapia.

Si bien este punto de vista puede que no sea compartido por muchas personas involucradas en la enseñanza de los métodos orientales, es lo que yo he podido apreciar en los últimos veinte años. Mi propio maestro tenía esta opinión después de encontrar muchas personas muy perturbadas psicológicamente que llegaban a la India en busca de la realización espiritual. El comentaba que estas personas estaban tan dañadas por la falta de amor en su niñez, que la transformación y la reintegración les era casi imposible. Por ejemplo, las personas afectadas por una vida familiar perturbada deben comenzar por hacer un trabajo para recobrar cierto equilibrio psicológico antes de iniciarse en las sutilezas de este método. Si ellas no efectúan ese trabajo previo, se arriesgan a seguir personas autoritarias que son sustitutos del padre o la madre, según sea el caso.

La belleza del Samkhya reside en el hecho de que es vivencial. La dificultad de utilizar el Samkhya como método empírico es que es necesario tener cierto nivel de equilibrio mental y una alta autoestima. De otra manera, Buddhi no podrá funcionar en su nivel superior que es la discriminación. Cuando comprendemos esto, se crea entonces un inmenso potencial de "evolución" consciente o de reintegración en Purusha.

Podemos entonces preguntarnos, ¿Cuál es la metodología del Samkhya? En realidad existen muchas maneras de utilizar el Samkhya existencialmente y no hay un enfoque que sirva para todos. Sin embargo, podemos distinguir dos enfoques principales. El primero es usar Buddhi, o la mente, para facilitar la percepción de la realidad a través del desarrollo de Sattva. El segundo consiste en emplear el Prana, o la energía de Purusha, a través de la respiración. Todos los métodos derivan de estos dos principales enfoques. Todas las meditaciones pueden clasificarse en uno de estos dos enfoques. No obstante, el camino del amor o de la devoción que son la enseñanza original de Jesucristo, de Krishna y de otros maestros religiosos, difieren de estas dos vías.

El camino de la devoción (*Bhakti*) no utiliza directamente el Samkhya aunque éste sirve para comprenderlo. El amor es una suerte de acceso directo que sana las heridas psicológicas dejando de lado otras formas de práctica. El camino de la devoción es muy eficaz para llevar al devoto hasta Mahat o incluso Prakriti, si esta devoción es verdaderamente vivenciada. Desgraciadamente, algunas personas tienden a pensar que la devoción es más fácil, siendo que es la vía más difícil. Pero al final, estos tres métodos deben desaparecer con Prakriti y la dualidad de la creación. En realidad, toda creación debe desaparecer para permitirnos hacer la experiencia de Purusha en lugar de sólo intelectualizarla. Esta experiencia sólo se produce cuando buscamos directamente de dónde proviene el pensamiento "Yo" (Ahamkara) y viviendo la respuesta existencialmente.

Vaidya Atreya Smith

7
EL MÉTODO YÓGICO DE TRANSFORMACIÓN

"Puesto que Brahman, el Absoluto, es sutil, invisible y desprovisto de cualidades, las ocho ramas del yoga han sido ordenadas por los yogis para realizar-Lo, estas enseñanzas deben seguirse una tras otra."
Avadhuta Gita 2.15

El Yoga es de lejos la ciencia antigua más conocida en el mundo occidental. Para la mayoría de la gente Yoga significa *Hatha Yoga* y principalmente las posturas físicas asociadas con esa práctica. El aspecto físico de la práctica del Yoga es esencial como base para la salud y para ayudar a purificar el cuerpo físico y sutil, lo que a su vez tiene un efecto indirecto sobre la mente.

El Yoga es tradicionalmente llamado *Ashtanga Yoga* o "el camino de la unión en ocho ramas" pues esta ciencia védica se articula en ocho ramas. Entre éstas, solo una o dos son practicadas comúnmente en Occidente; los *Asanas* y de vez en cuando el

Pranayama. Lamentablemente, dejamos de lado las bases de estas disciplinas que son *Yama* y *Niyama*, principalmente debido a problemas de interpretación de las ocho condiciones del Yoga. Una vez más, sólo gracias al sistema del Samkhya obtenemos un contexto fiel para comprender el Yoga puesto que el Yoga está basado en el Samkhya.

Las ocho ramas clásicas son:

1.	Yama	la purificación interna (la consciencia del condicionamiento)
2.	Niyama	la purificación externa (la consciencia de la acción)
3.	Asana	la purificación física (la consciencia del cuerpo)
4.	Pranayama	la purificación sutil (la consciencia de la respiración)
5.	Pratyahara	Movimiento de Manas hacia el interior (Pancha Jnanendriyani o los cinco sentidos)
6.	Dharana	Concentrar Buddhi hacia el interior y fuera de Manas
7.	Dhyana	Estado de meditación o del "Ser"
8.	Samadhi	Identificación a Purusha

Es preferible usar las definiciones de las ocho ramas del Yoga según la visión de los sabios védicos tal como está descrita en el sistema del Samkhya. El primer término, *Yama*, tiene cinco categorías y nos entrega cinco métodos de purificación interna. Estas cinco purificaciones internas tienen como fin hacernos tomar consciencia de nuestro condicionamiento psicológico. Manas es el condicionamiento emocional de la mente y esos cinco métodos se interesan principalmente al funcionamiento de Manas. Cuando estamos conscientes de nuestro condicionamiento, nos liberamos, lo que detiene el movimiento descendente de Ahamkara por medio de Manas y los cinco sentidos y órganos motrices.

Las cinco categorías de Yama son:
1. *Ahimsa* : los pensamientos no violentos
2. *Satya* : el examen sincero de uno mismo
3. *Brahmacharya* : conocimiento de la energía sexual
4. *Asteya* : el deseo de posesión
5. *Anabhinivesha*: la identificación con los objetos

Ahimsa generalmente es traducido por "no violencia". De hecho, significa tomar consciencia de nuestros pensamientos violentos y de la manera cómo agredimos a otros emocionalmente. Según el Samkhya, toda violencia física viene de Manas, la mente. Por lo tanto, tomar consciencia de nuestras propias frustraciones y dolores elimina nuestros pensamientos que tienden a manifestarse exteriormente como agresión psicológica o física hacia otros.

Satya se traduce habitualmente por "veracidad". Significa proceder a un examen sincero de uno mismo. Sin examen de uno mismo, nos es imposible tomar consciencia de la manera cómo Manas está condicionado. Una falta de sinceridad en el proceso se traduce por un fracaso completo de la purificación de la mente. Nos es imposible comenzar desde el lugar donde nos encontramos. Cuando somos incapaces de reconocer sinceramente donde estamos, Jiva no es capaz de retornar a Mahat ni a Purusha. Así, la veracidad es un proceso interior que se manifiesta lentamente como verdad, reconociendo a Purusha en todo.

Brahmacharya se traduce cómo "control de la energía sexual". Este término significa quedarse en Brahma (otro nombre de Purusha). Desgraciadamente, los seres humanos tienden a comportarse como simios imitando sus comportamientos. Piensan que imitando los santos que renunciaron a las relaciones sexuales, ellos también se convertirán en santos. En el contexto de Yama, Brahmacharya significa "tomar consciencia de la energía sexual". La energía sexual es la energía de la vida y su supresión nos corta de la vida misma. Al igual que entregarse a un exceso de actividad sexual dispersa la energía vital y disminuye la mente y el cuerpo reforzando el movimiento descendente de Ahamkara. Tomar consciencia del deseo humano fundamental que es querer, ser amado y ser necesario a otros, representa el pensamiento al origen del deseo sexual. Toda actividad sexual comienza por un pensamiento y así tomar consciencia de sus deseos fundamentales impide abandonarnos en el exceso de placer. Desarrollar esta consciencia libera igualmente más energía para otras actividades. Sin embargo, abstenerse de los placeres sexuales puede ser nefasto y llevar a la mente a obsesionarse por los pensamientos sexuales. La actividad sexual es una actividad feliz y agradable que torna la mente y el cuerpo saludables cuando descubrimos y tomamos consciencia del origen de los deseos y de los pensamientos.

Asteya se traduce generalmente como "no robar". En realidad este término significa que los objetos materiales y la posesión de estos objetos son nefastos. Este término se refiere al deseo fundamental de Manas que consiste en enredarse en la manifestación material obsesionándose por los objetos. En casos extremos, esto significa robar. Sin embargo, el real significado es la relación mental que mantenemos con el mundo material. Una vez más, el mundo material no se cuestiona salvo cuando nuestra mente está obsesionada por él. Por lo tanto, observar objetivamente nuestro condicionamiento y constatar si nuestras prioridades son de naturaleza material, humanitaria o espiritual constituye la etapa fundamental del desarrollo de uno mismo y de la transformación en el Yoga.

Anabhinivesha se define en general como el "desapego" y la no dependencia hacia los objetos y las relaciones. Este término en realidad significa nuestra identificación con los pensamientos, los objetos o las relaciones. Una vez más, es la función de Manas que es esencial acá. Cuando nuestra mente está obsesionada por un objeto o por una persona, las funciones superiores de Buddhi no pueden manifestarse y quedamos prisioneros de los dominios inferiores de la creación. Frecuentemente se mal interpreta el término como renuncia a la pareja y las relaciones. En realidad, el matrimonio es casi siempre la mejor manera de ayudarnos a desarrollar Buddhi y Sattva. Pues nuestra tendencia a "poseer" o a identificarnos con los objetos o las personas es lo que impide el movimiento ascendente de Manas y el desarrollo de Buddhi. La ausencia significa no depender de los conceptos mentales, siendo el concepto más potente: "Yo soy el cuerpo".

La segunda etapa dentro de estos ocho enfoques es *Niyama*. Niyama tiene cinco categorías y nos entrega cinco métodos de purificación exterior. La meta de estas cinco purificaciones externas consiste en tomar consciencia de nuestros actos físicos y mentales. Mientras que los Yamas se interesan en nuestras funciones mentales, los cinco Niyamas se interesan en la manera cómo nos manifestamos externamente por lo que están igualmente ligados a Manas.

Las cinco categorías de Niyama son:
1. *Santosha*   : la aceptación de lo que es
2. *Shaucha*   : la acción sin ganancias personales
3. *Svadhyaya*   : el estudio de los textos sagrados
4. *Tapas*   : la concentración
5. *Iswara Pranidhana*   : la identificación con Mahat

Santosha se traduce generalmente como "satisfacción". Significa la aceptación total y en todo momento de lo que "ES". Esta conformidad nos entrega satisfacción porque no pensamos en lo que podría ocurrir.

Shaucha es traducido generalmente como "acciones puras". Este término significa "actuar sin beneficios personales" y "parar la creación de Karma". La única acción pura es aquella de no crea Karma. Entonces, la acción pura significa actuar sin esperar ganancias ni beneficios personales.

Svadhyaya se traduce comúnmente como "estudio de las Escrituras". Significa la concentración en el movimiento ascendente de la creación. Significa encontrar y asociarse con la verdad. Encontramos la verdad o la consciencia esencialmente en las escrituras sagradas y en los escritos de los sabios, aunque este término también significa vivir con un maestro y absorber la verdad por su presencia y su enseñanza oral. Necesitamos hacer un esfuerzo físico para detener la tendencia de la mente y de la creación a seguir un movimiento descendente.

Tapas se traduce comúnmente como "austeridad" o "disciplina". Ello significa estar determinado a buscar la fuente de la creación o la consciencia. Confrontar Manas a este deseo constituye el significado de Tapas. Tener otros deseos que el de unión con Purusha no es Tapas.

Iswara Pranidhana se traduce generalmente como "abandono a Dios". Iswara representa el dios personificado manifestado en Mahat. La consciencia pura se manifiesta en una imagen para permitir a Manas comprender lo desconocido, lo no manifiesto. Puede significar total abandono a lo divino, con o sin forma. Es muy difícil pasar directamente a la ausencia de forma, así entregarse a un Gurú o a Dios es más accesible para la mayoría de la gente. El abandono puede significar simplemente "amor", no significa "abandonar su personalidad". Al igual que en el amor, abandonarse significa olvidar el concepto que existimos como Ahamkara en vez de como Mahat, la inteligencia cósmica. En otras palabras, implica una re-identificación con la inteligencia cósmica, o Mahat.

La tercera rama del Ashtanga Yoga, *Asana*, es la rama más conocida y la más practicada en Occidente. Se interesa en la purificación física y en el desarrollo de la consciencia del cuerpo. No es necesario explicar de nuevo la ventaja de practicar los ejercicios físicos ni de las repercusiones en la salud física. Sin embargo, los Asanas son mal interpretados en Occidente y son un simple medio para trabajar el cuerpo siendo que en realidad son el medio para desarrollar la toma de consciencia del cuerpo a través de los movimientos. Practicar los Asanas dejando de lado este aspecto no merece realmente el nombre de Yoga ni de ser parte de la tradición india clásica. Los Asanas actúan principalmente en los cinco elementos y en el cuerpo pero actúan también en los Tanmatras, o niveles energéticos de la creación.

La cuarta rama del Yoga es llamada *Pranayama*. Este término, desgraciadamente es traducido como "control de la respiración" o "control del soplo". En realidad, Pranayama significa el "desarrollo de la consciencia de la respiración". Esta consciencia produce una purificación sutil del cuerpo físico (cinco elementos) y de los Tanmatras (cuerpo sutil). Estos a su vez afectan a Manas lo que permite a la mente tener un movimiento ascendente. El Pranayama purifica considerablemente el cuerpo energético. El control de la respiración promueve una buena salud pero refuerza el movimiento descendente de Manas hacia el mundo físico. En su conjunto, la tendencia moderna de los profesores y profesionales de Yoga consiste en controlar el cuerpo, la respiración (energía) y la mente. Desgraciadamente, este proceso refuerza el movimiento descendente de Ahamkara y de Manas porque fortifica en cada uno el sentimiento de ser "el autor de sus acciones" y el sentimiento del "Yo". Sin embargo, nos entrega una buena salud y un ego potente. Esto explica tal vez la razón por la cual algunos profesores de Yoga son reconocidos como poseedores de un ego poderoso y algunas veces un carácter violento.

La quinta rama del Yoga se denomina *Pratyahara*. Este término generalmente se traduce por "control de los sentidos". Al igual que el Pranayama, el Pratyahara no enfatiza sobre el control pero más bien sobre la utilización consciente de los cinco sentidos. El Pratyahara se enfoca en dirigir Manas hacia el interior.

O, visto de otra manera, invierte el movimiento de Manas para que Buddhi pueda comenzar a funcionar. El movimiento natural de Manas, dirigido hacia el exterior por los cinco sentidos (*Pancha Jnanendriyani*), necesita una atención consciente para poder invertir esta tendencia permitiendo así a Buddhi recibir el Prana que proviene habitualmente de los sentidos. Ciertamente, este proceso representa la etapa más importante en el Yoga y también la menos comprendida. Los métodos que consisten en volcar Manas hacia el interior pueden ser físicos, pero el verdadero Pratyahara significa simplemente una mente desprovista de movimiento hacia afuera porque los deseos no están ahí para llevarla al exterior. La utilización de métodos destinados a detener los cinco sentidos puede ser útil para los principiantes pero puede también rápidamente llevarnos al error de hacernos creer que los sentidos son el objetivo de esta práctica y no el Manas mismo que es el filtro y el receptáculo de las impresiones sensoriales.

Las cinco ramas que acabamos de mencionar son los soportes o las bases de las tres últimas ramas del Yoga. A veces son llamadas "soportes externos" o "ayudas externas". Funcionan las cinco juntas y deben ser consideradas en su conjunto. La utilización de una sola de ellas no cambiará Manas ni su identificación con Ahamkara. Lo que significa que no se llegará a la unión con el divino o el "Yoga". Así, según el Samkhya, los Asanas practicados solos no son de ninguna utilidad.

Dharana es la sexta rama del Yoga. Esta rama es el método de concentración de Buddhi hacia el interior alejándose de Manas. Es en esta etapa que comenzamos a trabajar directamente con Buddhi. Antes de esto, todo trabajo se hacía con Manas, los Tanmatras y los tres grupos de cinco que forman el universo sólido. Dharana suele ser llamado "concentración". Este término es apropiado sólo cuando nos volvemos conscientes de la diferencia que existe entre Manas y Buddhi. De otra manera no es un método que permita aumentar el potencial de Manas, el acondicionamiento mental. El verdadero Dharana es el desarrollo de los aspectos superiores de Buddhi que es la discriminación. Sin discriminación, es imposible llegar a las dos últimas etapas del Yoga o incluso intentarlo. Mientras Dharana no se ha desarrollado con el uso correcto de Manas, la meditación es imposible así como la re-identificación con la energía cósmica. En Samkhya, la definición de la discriminación se refiere a que todo aquello que nunca cambia es real y que todo aquello que cambia es irreal. Esta definición prepara el acceso a la rama siguiente.

En la actualidad, a *Dhyana* se le llama comúnmente "meditación". En realidad, lo que nuestros contemporáneos practican es más bien la sexta etapa o Dharana. Dhyana, la séptima rama del Yoga, es un estado de presencia del resultado de las seis ramas anteriores del Yoga. Esta rama es una expresión natural de Buddhi que vuelve a Mahat. En esta etapa, Ahamkara (el individuo) está siempre presente y consciente de ser la inteligencia cósmica. Sin embargo, en este punto, Ahamkara está considerablemente despierto y trata de manifestar la experiencia que consiste en el retorno de Buddhi en Mahat. Si Ahamkara lo logra, este estado se vuelve entonces una experiencia y Buddhi vuelve a su rol normal como servidor de Ahamkara. Por otro lado, si el Yoga continua, el estado de presencia o de "Ser" es la octava rama.

Samadhi es la última rama del Yoga en la cual "desaparece" el individuo para experimentar Mahat, la consciencia cósmica. Cuando esto se produce, Jiva se absorbe en Prakriti donde algunas trampas aguardan aún el individuo para mantenerlo como "actor" de la experiencia de beatitud que resulta de la unión con la materia no manifiesta. El Samadhi es frecuentemente un estado temporal en la mayor parte de los yogis que alternan períodos de absorción y de no-absorción. Estas son trampas sutiles de la materia latente y de los tres Gunas de Prakriti. Esta etapa corresponde también al manto de beatitud (*Anandamaya kosha*) en la anatomía yógica de la autorrealización. El verdadero Samadhi es permanente y es el resultado natural, toda vez que las trampas de los Samadhis temporales han sido evitadas. Cuando el Samadhi es permanente, el Yogi no es diferente de Purusha o de Sat, Chit, Anand. Más allá de este estado, solo existe *Turiyatita* (más allá del cuarto estado), que algunas personas llaman "*Parabrahmam*" o el "Substratum".

En consecuencia, podemos ahora examinar el Yoga en el contexto adecuado del Samkhya, como una herramienta práctica que nos permite volver a Purusha, la consciencia pura. Esto es efectivamente el objetivo del *Yoga-Sutra* de Patanjali, que vivió mucho después del período védico pero que basó sus Sutras en el enfoque védico de la creación y de la consciencia. La descripción de Patanjali es esencial porque es la experiencia de los sabios realizados, aunque cada sabio lo exprese de una manera diferente.

8
LA ASTROLOGÍA VÉDICA COMO MÉTODO DE TRANSFORMACIÓN

"En Brahman (el Absoluto), el tiempo y sus divisiones, como la mañana y la tarde, han sido negados. Los elementos primordiales como el fuego y el aire también han sido rechazados. Pero la Realidad Fundamental no puede ser negada. Ya que eres el Absoluto mismo, O mente, ¿Por qué lloras?
Avadhuta Gita, 5.24

Uno de los sistemas de la India antigua más usado es el *Vedanga Jyotish* o la Astrología Védica. Este sistema se vuelve cada vez más popular en los países occidentales por su acertado poder de predicción. Este sistema se basa en un sólido análisis matemático de la astronomía. El *Jyotish*, o "Ciencia de la Luz", es la ciencia del tiempo vista a través de la astronomía y la astrología. A diferencia de otras formas de astrología, el Jyotish se basa completamente en la astronomía y funciona a partir de la posición correcta de los planetas en el cielo.

El riesgo principal al utilizar sistemas de predicción es cometer errores de interpretación. Un error de interpretación puede fácilmente producirse por causa de la naturaleza multidimensional del universo el cual es reflejado en la carta astral natal. Existe una verdadera necesidad de poseer una metodología para describir la naturaleza multidimensional del universo. Sin esta estructura, el profesional se arriesga a interpretar la carta astral de manera obtusa con sólo uno o dos niveles diferentes. Por lo tanto, es un error fundamental pensar que se puede practicar Astrología Védica sin tener realmente una verdadera comprensión del Samkhya.

Infelizmente, muchas personas interpretan las cartas astrales sólo en el primer y el segundo nivel, generalmente el material y el psicológico. Por ejemplo, la Luna puede representar la mente o el intelecto, la inteligencia, la felicidad, la belleza, las emociones, nuestro condicionamiento, el principio femenino, las mujeres en general, la madre, la madre cósmica o Prakriti. Es extremadamente precioso e importante poder examinar cada nivel individualmente. Sin la ayuda de la estructura del Samkhya, estos diferentes niveles de la creación pueden parecernos confusos y parecidos, conduciéndonos a interpretaciones disparatadas y erróneas.

El nivel más importante de un tema natal es la mirada del conjunto cósmico que nos es revelado por el Samkhya. El tema en sí representa la total manifestación que proviene de Prakriti o de la Materia Latente. Entonces, en última instancia, el tema natal es la manifestación, y el espacio que sostiene el tema (a saber la pieza, la oficina, etc.) es Purusha.

Asimismo, es importante guardar en mente que el tema representa la dualidad y que está en esa dualidad. Por lo tanto, es difícil interpretar el tema más allá del elemento primero de dualidad o Prakriti.

A nivel de la creación cósmica (Prakriti) tenemos relaciones primarias y secundarias. Existen varias maneras de abordar estas relaciones y no toda la gente concordará con el razonamiento que expondré a continuación. Sin embargo, me arriesgo a presentar simplemente el Samkhya, a pesar de las posibles críticas que puedan surgir. El siguiente cuadro indica las principales relaciones en el plano cósmico:

Cuadro 1. Relación de los planetas en relación al Samkhya		
Planetas	**Dimensión Cósmica (principal)**	**Dimensión Cósmica (arquetipo)**
Sol	Purusha / Prana	Agni (Dios del Fuego)
Luna	Prakriti / Materia	Varuna (Dios del Agua)
Marte	Prana	Siva
Mercurio	Buddhi	Vishnu
Júpiter	Mahat (positivo)	Indra
Venus	Cinco Tanmatras (planes astrales)	Devi
Saturno	Mahat (negativo)	Brahma
Rahu	Manas (oscurece la Luna)	La gente
Ketu	Manas (oscurece el Sol)	El individuo
Ascendente	Ahamkara	Separación / Karma

Comencemos por el Sol. Nos damos cuenta que representa primero a Purusha como toma de consciencia pura, no dividida y luego el arquetipo de *Agni* (el dios del fuego, la transformación) a nivel de Mahat. La Luna puede representar Prakriti porque ella refleja la luz de Purusha (el Sol) y también el arquetipo divino de *Varuna* (el dios del agua, la cohesión). El Sol, como principal energía del universo, representa también el Prana cósmico, en particular el *Chitshakti* o energía de la consciencia.

Marte es el planeta de la energía pura o Prana y está entonces representado por el arquetipo divino de *Shiva* (en este contexto el dios de la destrucción y de la renovación).

Mercurio puede representar el poder de discriminación de Buddhi y también el arquetipo divino de *Vishnu* (dios de la preservación y la comunicación en este contexto).

Júpiter representa el lado positivo de Mahat que es la inteligencia cósmica del universo así como el arquetipo divino del dios védico *Indra* (dios de los cielos que entrega el conocimiento). Venus se relaciona primero con los Tanmatras y el mundo astral porque nos lleva a los cinco sentidos y a la experiencia del placer. En segundo lugar, representa el arquetipo divino de la diosa *Devi*, esposa de Indra. Saturno representa el lado negativo de Mahat y también el arquetipo divino de *Brahma* (dios del conocimiento en este contexto). Saturno elimina la ignorancia, los dos representan los principales poderes de la Inteligencia Cósmica de diferente manera.

Los dos nudos lunares, *Rahu* y *Ketu*, actúan como Ahamkara en el sentido que oscurece la luz del Sol y de la Luna o de Purusha y Prakriti. En este sentido, los nudos lunares funcionan como maléficos porque eclipsan o disimulan la luz de los principios divinos. Además, traen consigo la separación de estos mismos principios. Sin embargo, representan también los arquetipos de la gente (la sociedad) y del individuo representando el ser humano. El ascendente representa generalmente a Ahamkara y al arquetipo de la separación en el universo que transmite igualmente el Karma pasado con su encarnación.

Cuando abordamos la astrología, es importante tener presente dos ideas:

1) El tema astral natal representa el tiempo en general y el movimiento del individuo a través ese tiempo (Ascendente o Ahamkara).

2) Los planetas son metáforas de las fuerzas arquetípicas como son descritas en el Samkhya. Por consiguiente, los planetas representan mucho más que los arquetipos de las divinidades como lo indica el sistema griego de astrología (aunque también hay una relación entre las deidades). El sistema del Samkhya nos revela las fuerzas reales que se manifiestan en el arquetipo de las energías divinas de la astrología occidental.

Usar el Jyotish sin tener esta comprensión fundamental nos puede llevar a la confusión, a errores de interpretación y a una degradación general del sistema. Podemos utilizar la astrología védica para predecir acontecimientos muy simples y precisos de nuestra vida porque es la ciencia del tiempo. Por su movimiento, los planetas establecen el día y la noche como unidad de base que permite medir el tiempo. (En astrología, el Sol y la Luna son comúnmente denominados planetas aún si esto no es exacto científicamente, pues son cuerpos celestes). Es posible utilizar la Astrología Védica para determinar acontecimientos sin usar el sistema del Samkhya. La mayor parte de la gente que consulta un astrólogo quiere conocer el momento de los acontecimientos para poder actuar en consecuencia.

Sin embargo, cuando la astrología deja el dominio del tiempo y los acontecimientos, se vuelve imperativo comprender el sistema del Samkhya. Sin él, nos arriesgamos a considerar cada Luna como madre, cada Sol como padre, etc. Esta manera de ver representa efectivamente una tendencia actual en la astrología occidental y también en astrólogos principiantes que practican el Jyotish. El Samkhya entrega a la astrología un sistema preciso de la dimensión y del nivel de los arquetipos de toda la creación.

El cuadro 1 ilustra la manera como esto puede llegar a ser útil. En ese cuadro, observamos las relaciones primarias y secundarias de los planetas respecto al Samkhya. El Sol es el planeta (estrella) más luminoso y que domina el cielo, representa el arquetipo de Purusha: la primera causa de la creación y la consciencia pura. En el segundo nivel, representa la energía de la transformación divina (Agni). Cuando consideramos la posibilidad de elevarnos hacia la liberación o el desarrollo consciente, el Sol se vuelve muy importante.

Por ejemplo, el Sol colocado en la casa 12 de las pérdidas es considerado como negativo para la autoestima y para proyectarse en la sociedad. Esta posición impide ser reconocido públicamente o por la sociedad en general. Sin embargo, cuando lo consideramos en relación al nivel cósmico de la creación, el Sol indica Purusha o el Ser puro. Colocado en la casa 12, entrega la fuerza a Purusha porque está colocado en la casa de las pérdidas, se lleva entonces todas las indicaciones que están presentes allí o todas las indicaciones del Sol en orden inferior, tales como el ego. Es la razón por la cual esta casa es la casa de la liberación o Moksha. Puesto que Purusha es la fuente de toda creación, todo desaparecerá y quedará sólo Purusha como primera fuerza de la consciencia.

Cuadro 2. Relaciones de los planetas en relación con el individuo		
Planetas	Individuo Superior	Individuo Inferior
Sol	Jiva (alma)	Ego
Luna	Aspecto inteligente de Manas	Aspecto emocional de Manas
Marte	Prana: pasión de la vida	Fuerza
Mercurio	Expresión	Palabra
Júpiter	Conocimiento	Deseos materiales
Venus	Recepción / Expresión	Deseos sensuales
Saturno	Buddhi (discriminación)	Tristeza y pena
Rahu	Manas (inconsciente colectivo)	Chita exteriorizado
Ketu	Manas (inconsciente individual)	Chitta interiorizado

En el cuadro 2, el Sol está indicado a nivel individual en el lugar donde se manifiesta como Jiva, el aspecto individualizado de Purusha o del alma. En esta dimensión, el Sol puesto de nuevo en casa 12 indica una persona interesada por la pérdida de su identidad personal con el fin de adquirir la identidad cósmica más grande de Mahat, la Inteligencia Cósmica.

El cuadro 3 nos describe las relaciones con las prácticas espirituales o *Sadhana*. En este nivel, podemos ver el lado superior de Buddhi que se manifiesta como movimiento ascendente que se dirige hacia la mente cósmica o Mahat. El Sol en casa 12 indica que Jiva (el alma) está listo para fusionarse a nivel cósmico si el resto del tema astral sostiene el movimiento. Cuando el resto del tema no es de un gran apoyo, esto indica que el ego (como el ego freudiano) impedirá este movimiento ascendente.

Cuadro 3. Relaciones con Sadhana (Estudios Espirituales)		
Planeta	Herramienta / Útil	Como obstrucción
Sol	Jiva	Ego / voluntad negativa
Luna	Inteligencia	Entrega a las emociones
Marzo	Tejas (Fuego de la percepción)	Pensamiento dogmático /Rabia
Mercurio	Buddhi como Discriminación	Poca lógica/ Muchos Pensamientos
Júpiter	Gurú o Profesor	Material / Disfrutar
Venus	Devoción – Bhakti	Sentido / Sexualidad
Saturno	Yogi – Disciplina	Retraso / Perversión
Rahu	Karma Futuro	Ilusión
Ketu	Karma Pasado	Ilusión

La idea de Sadhana significa que un planeta puede ser útil para los asuntos materiales y sin valor o que puede incluso bloquear la evolución espiritual. El lugar del Sol es de fundamental importancia porque indica si la persona es apta para consagrar energía en la práctica espiritual. La Luna indica si tiene suficiente inteligencia básica que le permita comprender los estudios espirituales. El lugar de Marte indica si tiene suficiente energía para comprender los estudios y seguir sus prácticas. Mercurio indicará si tiene discriminación para escoger el camino o el profesor espiritual apropiado. El lugar de Júpiter en el tema indica si un profesor se manifestará al buscador espiritual. Venus indica la posibilidad de devoción en la práctica espiritual y Saturno la disciplina necesaria para proseguir la búsqueda espiritual. Los nudos lunares indican el Karma que traemos con nosotros y el Karma que podemos crear en el camino de nuestra búsqueda espiritual.

La energía inferior u obstructiva de los planetas puede igualmente manifestarse según el lugar y las relaciones que forman con los otros planetas. Por ejemplo, un Júpiter exaltado en Cáncer puede indicar que un profesor se manifestará a través de una relación emocional y que enseñará con amor, compasión y valores humanitarios. Por otro lado, un lugar idéntico puede conducir una persona a objetivos y deseos muy materiales. Este aspecto tendría tendencia a manifestarse "trabajando" como profesor y manipulando los otros en el plano emocional.

Según el Samkhya, ningún planeta es benéfico a menos que disminuya la identificación de Jiva en Ahamkara. Así, un Júpiter exaltado podría ser útil para manifestar un profesor y para entregarnos disposiciones espirituales o bien puede enredarse en los deseos materiales y el dinero. Esto dependerá de las indicaciones entregadas por los otros planetas del tema y de la elección de la persona.

Es útil examinar un ejemplo para explorar el enfoque de la psicología transformacional en Jyotish. El siguiente tema natal es difícil para los asuntos materiales y las relaciones. Por otro lado, tiene grandes potenciales que le permiten transformar el movimiento natural descendente de Manas. La Luna representa generalmente Manas en el tema. Podemos ver que la Luna está triplemente afligida a causa de su lugar en Escorpión, porque está conjunta a Saturno y aspectada por Marte. Si examinamos el tema para comprender la personalidad del sujeto, tendríamos tendencia a concluir que la relación personal que tiene con su madre es débil y conflictual, que tiene tendencia a fluctuar entre un temperamento ardiente, agresivo y depresivo. Esta persona no puede esperar ser muy feliz, va a trabajar duro (conjunción de Saturno en casa 10 y gobernador de la casa 6), tendrá gases crónicos (maestro de la casa 6 con un planeta Aire o Vata). Todas indicaciones son clásicas de una Luna débil.

Me 7°29 So 7°02 Ve 5°50 (2) Poissons	Ke 27°38 (3) Bélier	Ma 8°48 (4) Taureau	(5) Gémeaux
ASC 2°31 (1) Verseau			(6) Cancer
(12) Capricorne			(7) Lion
(11) Sagittaire	Lu 13.46 Sa 21°02 (10) Scorpion	Ra 27°38 (9) Balance	JuR 3°10 (8) Vierge

Sin embargo, examinemos el tema según la perspectiva de transformación, obtenemos otro panorama de sus potenciales. La Luna en el 8° signo entrega profundidad y capacidad de transformación a la mente que puede ser ayudado por la negación de

Saturno. Como un Yogi, Saturno impide los conceptos e ideas inútiles. Entrega una mente disciplinada y una gran intuición y percepción con la Luna. El aspecto con Marte entrega una energía pura que permite transformar el condicionamiento emocional de la mente y penetrar profundamente en los deseos escondidos. Esta asociación puede desarrollar buenos poderes mentales y discriminación cuando seguimos el *Ashtanga Yoga* (ver capítulo anterior). Mientras la polaridad de Marte y Saturno se considera muy perjudicial para el planeta situado entre ellos (la Luna), estos dos planetas entregan igualmente la aptitud y energía necesaria para una profunda transformación si esta persona utiliza los aspectos superiores de estos dos planetas.

La Luna situada en la casa 10 junto con Saturno podría indicar dificultades profesionales y un potencial cambio en esa área. Sin embargo, Júpiter en la casa 8 (casa de la realización del Ser) en aspecto con la casa 12 (otra casa de realización del Ser) sostiene todo movimiento de la psiquis hacia una transformación interior. Este aspecto es especialmente cierto cuando la persona encuentra un verdadero maestro espiritual. Ketu, el Nudo Sur en casa 9 indica un apoyo que proviene del Karma pasado en lo que concierne la transformación espiritual y significa que un gran trabajo ha sido hecho en las vidas pasadas. El Karma presente se dirige hacia una casa de creatividad, en las artes, es también una casa del ego y de la individualidad (Rahu, Nudo Norte en casa 3). Este aspecto debería advertir al sujeto sobre el hecho que si sus metas materiales representan la prioridad principal de su vida, éstos lo llevarán a una identificación con Ahamkara.

Un elemento clave de este tema consiste en ver la manera cómo la persona manifiesta la energía de la casa 2, el ámbito de la sociedad, la expresión y la prosperidad. Un conjunto planetario (varios planetas) en este lugar indica que el ego puede estar más interesado por el dinero, la imagen social y las relaciones personales (el maestro de casa 7 se encuentra en casa 2) que en su transformación personal. Mercurio (Buddhi), conjunto al Sol, está en "combustión" y su luz no puede iluminar a Manas. Mientras que Venus está exaltada en Piscis e igualmente en combustión con el Sol. En este tema, la clave de la transformación es saber si la energía arquetipo del Sol se manifestará como ego o como Jiva (alma). Puesto que la casa 2 se interesa a la expresión en sociedad y en la prosperidad, el Sol que está allí puede tener dificultades para manifestar su lado superior de Jiva y finalmente de Purusha.

Venus podría ayudar a Jiva (Sol) a través de la devoción (Bhakti) y reforzar al débil Buddhi. Esta persona no debe confiar en su mente analítica (Mercurio como intelecto) porque está en combustión. Sin embargo, existe una profunda relación (Yoga planetario) con Júpiter que entrega la gracia divina y el poder de transformar el intelecto (Mercurio). Por lo tanto, por la gracia de Júpiter y de Venus, Jiva puede volverse hacia acciones humanitarias que lo conduzcan a profundas transformaciones.

Este tema tiende a indicar un *Karma Yoga*, o camino de acción social, para entregar una mayor transformación al sujeto. Hay muchas indicaciones importantes adicionales en este tema, e incluso Saturno como Maestro del Ascendente y *Atmakaraka* (indica el Alma en esta encarnación). Esta persona tiene 12 *Raja Yogas* y el planeta débil es anulado por muchas *Nicha-Bhanga Raja Yogas* que dan enormes poderes que permiten a la persona realizar sus deseos. La manera cómo la persona decide abordar su vida, con la ayuda de un enfoque materialista o transformador, determinará la cantidad de paz mental que tendrá en su vida.

Escoger el dinero y la posición social le traerá profundos sufrimientos que lo pueden llevar a posibles períodos de depresión clínica. Sin embargo, si el conjunto no impide que la creatividad natural se manifieste, el sujeto triunfará y se volverá después, muy conocido en los dominios que escogió. Por otro lado, este mismo tema indica un serio apoyo para una profunda transformación personal y para la felicidad, principalmente a través el trabajo social y el Karma Yoga que también le traería reconocimiento al sujeto. Esta elección representa la libertad de la *Psicología de la Transformación en el Yoga* y la libertad del sistema del Samkhya. La libertad de sufrir a través el movimiento descendente de Buddhi o de vivir en paz y feliz a través del movimiento ascendente de Buddhi.

Vaidya Atreya Smith

9
MÉTODO AYURVÉDICO DE TRANSFORMACIÓN

"Brahman (el Absoluto) no puede ser invocado o abandonado porque no tiene forma. Por lo tanto, ¿Cuál es el propósito de ofrecer flores y pétalos o practicar la meditación y repetir mantras? ¿Cómo podemos venerar esta Beatitud Suprema en la cual se funde la unidad y la multiplicidad?
Avadhuta Gita 4.2

El Ayurveda, así como la Astrología Védica, se apoya profundamente en el Samkhya. Cuando un médico o un profesional ayurvédico no tiene una buena comprensión del Samkhya, su enfoque de curación se torna mecánico. Puesto que la medicina moderna ve la curación de esta manera, los sistemas tradicionales como el Ayurveda se vuelven inútiles a menos que se practiquen en forma holística y no sintomática.

El Samkhya nos entrega una visión diferente de la creación. En la actualidad está más cerca de la "nueva física" que de la física mecánica newtoniana como modelo del universo, porque reconoce un campo continuo de la inteligencia. El Ayurveda precisamente es un sistema holístico de salud porque su enfoque y su práctica no son mecánicos. No está basado en la estructura y en la forma como la medicina moderna, sino más bien en los sistemas y funciones. Esto se logra a través de la comprensión del Samkhya. El Samkhya nos entrega una metodología del enfoque funcional del organismo humano.

Desgraciadamente en la India, la tendencia actual entre los médicos jóvenes es practicar el Ayurveda de manera más mecánica y sintomática. Algunos piensan que son "renovadores" y que son modernos porque tratan las enfermedades en vez de tratar al paciente. Creen fuertemente que si no practican de manera más sintomática, no serán respetados por los pacientes. Probablemente hay algo de cierto en esto. Sin embargo, en los países occidentales, la tendencia es totalmente opuesta. Cada día más, la gente está en búsqueda de enfoques alternativos frente al enfoque de la medicina moderna mecánica y estructural.

De hecho, este aspecto es más que una tendencia, puesto que la prensa abunda en estadísticas que estiman que un 40% a un 60% de personas en los Estados Unidos y un 60% en Europa están en búsqueda de un sistema de salud diferente de la medicina alópata moderna. La razón principal sería como "medida de prevención". Así, la necesidad de una base holística auténtica se hace sentir y no se busca otra "medicina natural" basada en una mirada mecánica.

El Samkhya nos puede entregar este modelo para todo sistema de medicina y no se limita al Ayurveda. Si bien es cierto que el Ayurveda tiene varias ventajas puesto que ya está integrado al sistema del Samkhya. El sistema médico mundial futuro podrá estar probablemente basado en el Ayurveda pero no estará limitado por tantas restricciones culturales impuestas por la tradición india.

El punto esencial es abordar al ser humano como un organismo vivo inteligente que lucha naturalmente para obtener un estado de salud dinámico. Según el Samkhya, la creación no es nunca estática. Sigue siempre un movimiento descendente, por ejemplo, hacia más creación o un movimiento ascendente, por ejemplo, el de la consciencia volviendo a Purusha. Por lo tanto, la definición de salud en Ayurveda es "dinámica" que va en aumento. En contraste, el modelo mecánico del universo no concibe que pueda existir un principio de inteligencia en la creación y no admite tampoco que la salud no es más que una ausencia de enfermedad.

El Samkhya entrega al Ayurveda los elementos de base para definir la salud como "dinámica". Cuando el movimiento descendiente de la creación aborda el cuerpo físico humano, se generan la decadencia y la muerte. En lo opuesto, se encuentra la salud, o movimiento ascendente de la consciencia inteligente. El único verdadero error del Samkhya, o del enfoque ayurvédico de la transformación, es el hecho que uno necesita un mínimo de inteligencia para utilizarlos. Este es en realidad el punto crucial de este enfoque.

Según el Ayurveda, la causa de todas las enfermedades viene del concepto de individualidad, o Ahamkara. Ahamkara es lo que nos separa de la inteligencia cósmica o Mahat. En Mahat, las enfermedades no existen (¡tampoco existe cuerpo físico, lo que facilita las cosas!). Del punto de vista del

Samkhya, si la consciencia de la persona se identifica con Mahat, Prakriti, etc., tendrá una buena salud. Sin embargo, si la consciencia se identifica con el condicionamiento emocional de la mente (Manas) y los sentidos, las enfermedades aparecerán.

Esto puede parecer un poco simplista o muy determinante para una mente actual. Sin embargo, cuando examinamos este aspecto en detalle, surge otra figura. A nivel de Ahamkara, la creación comienza a diversificarse en muchas entidades, en un plano no físico. Además, el intelecto, o Buddhi, aparece. Esto representa nuestra pequeña parte de Mahat, el espíritu cósmico. El movimiento natural de Ahamkara (el individuo) es descendente y se dirige hacia más creación para poder tener la experiencia completa de sí mismo. Buddhi puede tener un movimiento ascendiente o descendente.

El movimiento descendente de Buddhi se llama *Prajnaparadha* o "la falta de sabiduría". Buddhi es entonces la clave de la salud porque lleva a Ahamkara a desplazarse en una dirección ascendiente o descendiente. Cuando Buddhi tiene un movimiento descendente, se le llama "ignorancia" o "falta de sabiduría" y cuando tiene un movimiento ascendente, se le llama simplemente "sabiduría" o "inteligencia".

Este fenómeno es fácil de observar en la vida cotidiana. Cuando dejamos nuestro espíritu y nuestras emociones dirigirse cada día hacia el fabuloso "postre de chocolate", esto es ignorancia. Consumir cada día una gran cantidad de azúcar, alimentos desnaturalizados, alimentos preparados industrialmente, tratados químicamente, no frescos, que tienen conservantes y colorantes, contribuye a provocar las enfermedades. Para la medicina natural, estas substancias provocan las enfermedades. Fumar simplemente un paquete de cigarrillos es suficiente para indicar una "falta" de sabiduría. Cuando utilizamos el sistema de Samkhya podemos cuestionar la inteligencia de un médico moderno que fuma. Pero cuando utilizamos el enfoque de la "estructura y la forma" de la medicina actual, es posible justificar los efectos de esta errónea elección de salud.

El verdadero problema en el Ayurveda y en el sistema del Samkhya no es saber si esto funciona, o no, sino saber si las personas quieren comenzar a utilizar su inteligencia para escoger hábitos que beneficien la salud y la consciencia. Como lo hemos ya mencionado varias veces en este libro, el sistema del Samkhya es un sistema que respeta la libertad de elección como también la libertad de destruirse mediante malos hábitos.

A veces se me ocurre despachar clientes sin hacerles pagar la consulta cuando veo que son incapaces o que no quieren hacerse cargo de su salud. Les aconsejo consultar un médico "normal" que tomará la responsabilidad de su salud y de su mala higiene de vida. Este médico podrá entonces prescribirle medicamentos sintéticos que actuarán en la estructura de los tejidos en vez de recetarle un sistema global inteligente. Este enfoque es eficaz para prevenir los síntomas que definen la salud como una ausencia de síntomas.

Todas las enfermedades, examinadas del punto de vista del Samkhya, pueden ser consideradas cómo una falta de sabiduría. Esto simplemente significa que nuestra salud está en nuestras manos, que podemos escoger nuestros hábitos, los alimentos y una higiene de vida que beneficie a la salud en vez de destruirla.

Esto puede ser tan simple como ponerse un abrigo antes de salir al frío. Nada es complicado en este concepto, en realidad esto se llama sentido común.

Existe otro aspecto en el proceso de enfermedad y en Ahamkara donde el Prana (la energía inteligente de la consciencia) deja de mantener un vínculo con el cuerpo manifestado. Este aspecto es una de las principales funciones del Prana en el nivel de Ahamkara. Antes de Ahamkara, en Mahat, el Prana es la potencia de la inteligencia cósmica e individual. Mantiene este rol en Ahamkara como poder de la inteligencia. Sin embargo, gracias a la diversificación, el rol de Prana consiste también en unir a Jiva, el Purusha individualizado o alma, a Buddhi, a Manas, a los Tanmatras, a los Cinco Sentidos, a los Cinco Órganos Motores y a los Cinco Estados de la Materia que componen el cuerpo humano.

Entonces, el lazo entre Prana y Ahamkara tiene una vital importancia. Nótese que el Prana está unido irrevocablemente al principio de la inteligencia cósmica. Cuando enseño, utilizo el ejemplo de una hoja de papel, que por naturaleza, tiene dos lados. Para que el papel exista, tiene que tener dos lados, cada principio es la cara del otro. Así, cuando la inteligencia está comprometida, el Prana se debilita. Esto afectará primero la vitalidad general de la persona y debilitará lentamente su lazo con Ahamkara.

Según el Samkhya, cuando la unión Pránica se debilita, el Jiva comienza a alejarse de la manifestación "cuerpo/mente". Es la muerte a nivel físico. Infelizmente, entre la salud (la unión que existe entre Prana y Jiva) y la muerte, existe lo que llamamos "enfermedad". Generalmente, el tipo de enfermedad que viene de un lazo debilitado entre Prana, Jiva y Ahamkara se llama "identificación de Jiva en Ahamkara". Existe otra manera de describirla como "la identificación del Ser" de Ahamkara.

Estas expresiones significan lo mismo. Ahamkara, por su propia naturaleza, se identifica con el cuerpo/mente para manifestarse. Los dos componentes claves en este proceso son Prana (la energía de la inteligencia) y Jiva (Purusha individual). Podemos enunciar y justificar que Jiva no puede existir sin Prana puesto que ambos vienen de Purusha mismo. En efecto, cuando decimos que Ahamkara se identifica con el cuerpo/mente, queremos decir que se une a Jiva/Prana. O bien, cuando decimos que Ahamkara "se identifica a sí mismo", esto quiere decir que es Jiva (el Ser) que se identifica (Prana) como individuo (Ahamkara).

El Dr. Robert Svoboba expresó claramente este proceso en 1989 en su libro clásico, *Prakriti: Your Ayurvedic Constitution* (Prakriti, Vuestra Constitución Ayurvédica {n.d.T}) donde dice:

"Sin *Yukti*, la hábil asociación de la actitud y de la actividad que armoniza al individuo, la indigestión se vuelve crónica y muta en nuevas formas. La indigestión crónica debilita el sistema inmunitario que reacciona primero con alergias, luego con enfermedades de insuficiencia inmunitaria para finalmente llegar a enfermedades donde el sistema inmunitario se derrumba completamente, como en el cáncer o el SIDA. La debilidad de la identificación de Ahamkara en el cuerpo es la raíz de todas estas enfermedades."

(Svoboda, Dr. Robert, Prakriti, Your Ayurvedic

Constitution, Geocom Ltda, Alburqueque, NM; 1989, p. 143)

Mala utilización

La medicina moderna no podrá jamás prevenir ni sanar el cáncer ni las enfermedades de insuficiencia inmunitaria, mientras no tenga en cuenta del principio inteligente presente tanto en el universo como en nuestro cuerpo. Es este lazo que está quebrado debido a los alimentos desnaturalizados, malas elecciones de vida, dramas emocionales, falta de amor, uso de medicamentos sintéticos y la ingestión de productos químicos presente en el entorno. Es la inteligencia quien juega un papel clave en la estructura y la forma y en el sistema y sus funciones. Sin embargo, es incorrecto decir que esta visión es idéntica a la del concepto psicosomático. El concepto de relaciones y problemas psicosomáticos es ciertamente parte del principio inteligente tal cual se presenta en el Samkhya. El sistema del Samkhya incluye el concepto de cuerpo y de mente pero se limita a la mente porque ésta es la comprensión de la manera como la consciencia se manifiesta en todos los niveles.

Es posible relacionar el concepto de desórdenes psicosomáticos con la relación entre Manas y Buddhi con Ahamkara. Después de todo Ahamkara está ligado a la manifestación a través de Manas y Buddhi que controlan las cinco formas de recepción y expresión. Como ya lo hemos enunciado, Ahamkara va a tratar naturalmente de ir hacia la manifestación, es su rol. Al fin de cuentas, esto es la causa del sufrimiento mental que conduce probablemente a la enfermedad y a la muerte.

Relaciones Ayurvedicas en Samkhya

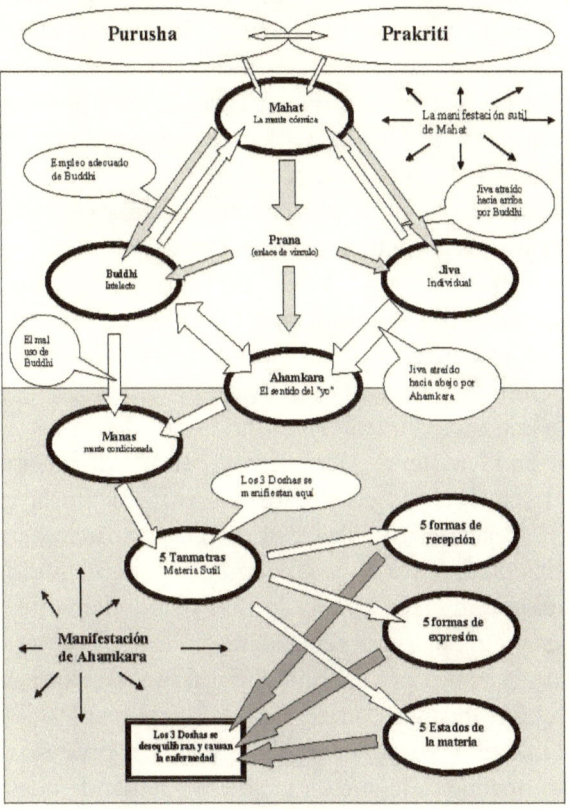

Jiva residiendo en Ahamkara no olvida jamás su fuente de integridad o de unidad como principio de Purusha. Por lo tanto, cuando Ahamkara entra en la manifestación y busca expresarse con la ayuda de objetos materiales, las relaciones emocionales y todas las formas de intercambio sensorial, quedan insatisfechas. Esta insatisfacción viene de la incapacidad para obtener placer permanente con la ayuda de objetos sensoriales y relacionales. Además, Ahamkara experimenta placer durante cortos momentos como el orgasmo sexual, cuando comemos, en los momentos que nos sentimos amados y cuando adquirimos cosas nuevas. Sin embargo, este placer dura desde algunos instantes a algunas horas, tal vez varios días en algunos casos, pero inevitablemente se acaba.

Cuando los placeres transitorios desaparecen, una insatisfacción aparece porque Jiva sabe que él es por naturaleza el Ser, la Consciencia y la Beatitud (Satcitanand). Esta paradoja entre el hecho de resentir que nuestra naturaleza es Beatitud y el hecho que sólo podemos experimentar la Beatitud (el placer) porque dura algunos instantes, es la causa de todo dolor, ansiedad, tristeza, depresión, pena, sufrimiento e insatisfacción. Es esta tristeza o sufrimiento la causa del alejamiento del principio consciente de inteligencia (Jiva) de Ahamkara, debilitando su relación con él, o llevándolo más profundamente a los deseos y los placeres sensuales.

Es la razón por la cual el Samkhya dice que todas las enfermedades toman raíz en la diversificación de Ahamkara a partir de Mahat. En este proceso, Jiva tiene nostalgia de sí mismo, de Satcitanand o del Ser, Consciencia, Beatitud que es la naturaleza de Jiva que nunca se pierde. Cada humano es por naturaleza consciencia pura o Purusha. Los seres humanos son la manifestación de Purusha y no son diferentes a él. Estar en perfecta salud, según el Samkhya, es lo mismo que identificar de nuevo Jiva/Prana con Purusha en vez de identificarlos con Ahamkara. Esta re-identificación se produce únicamente cuando estamos en vida y ella no acarrea efectos negativos directos en el cuerpo físico.

El *Charaka Samhita*, uno de los dos textos de Ayurveda más antiguos (anterior a año 1000 A.C) dice que:

"Las causas de las enfermedades del cuerpo y de la mente están unidas a una mala utilización del tiempo, de las facultades mentales y de los sentidos. Esta mala utilización es triple: una muy gran utilización, ninguna utilización y una utilización equivocada." 1.54

"El cuerpo/mente es el sustrato de las enfermedades y de la salud. Utilizar el tiempo de manera equilibrada así como las facultades mentales y los sentidos, da salud. Una utilización inadecuada o desequilibrada trae enfermedades." 1.55

"Jiva está desprovisto de todo factor patógeno. Jiva está en el origen de la consciencia en el cuerpo/mente y de los Tanmatras. Jiva es eterno y ve todas las actividades." 1.56

El *Charaka Samhita* dice claramente que el cuerpo/mente es la principal causa de las enfermedades y que Jiva o Purusha individualizado, es anterior a las enfermedades y consecuentemente, desprovisto de enfermedades.

En resumen, el Samkhya precisa que las enfermedades provienen de una mala utilización de la inteligencia (Buddhi) y de una mala utilización de los sentidos. De la misma manera, lo que percibimos en nuestra mente y lo que expresamos a través de ella son factores potenciales de enfermedad. Además, el origen de toda desgracia o enfermedad proviene de la manifestación de Ahamkara o del "principio individual". Ahamkara quiere naturalmente dirigirse hacia las funciones mentales y sensuales, cuyo abuso o utilización inadecuada provocan enfermedades. Por otra parte, Jiva sabe que su naturaleza es a la vez eterna y dichosa. La paradoja que existe entre esta percepción y la incapacidad de vivirla en la manifestación es causa de sufrimiento y de ansiedad mental. La sanación consiste en la reidentificación del individuo con los elementos causales del universo, con Purusha o la consciencia pura.

Entonces, el Samkhya nos da una visión fundamental de las causas de las enfermedades. Nos dice cómo podemos prevenir y sanar enfermedades tales como los problemas de insuficiencia inmunitaria y el cáncer. Con el fin de utilizar este sistema como una herramienta de transformación, puede que tengamos que hacer cambios fundamentales en nuestra concepción de la vida y en nuestra relación con ella. El capítulo siguiente nos propone soluciones aplicables en nuestra vida cotidiana.

10
LA APLICACIÓN DEL SAMKHYA EN LA VIDA COTIDIANA

"Para mí no hay ni estado de vigilia, ni de sueño, ni postura de Yoga, ni día, ni noche. ¿Cómo puedo decir que estoy en el tercer estado (sueño profundo) o en el cuarto estado (Turiya, la Transcendencia)? Soy por naturaleza dichoso y libre."
Avadhuta Gita 4.17

El error más grande que podemos cometer en la Psicología de la Transformación es abordarla desde un punto de vista intelectual. El sistema del Samkhya se basa en primer lugar, y principalmente, en un enfoque empírico, que nos permite comprender y experimentar el universo. Tratar de entenderlo desde un mero punto de vista intelectual puede provocar confusión y errores de interpretación de las metáforas empleadas para describir la realidad empírica del universo.

El sistema en sí proviene del resultado de la observación directa. Como ya lo hemos señalado, existen tres métodos clásicos que nos permiten percibir el universo que nos rodea. Según la tradición védica clásica, de donde proviene el Samkhya, la percepción directa es la forma superior de conocimiento.

Para los seres humanos, la raíz de toda percepción viene de Manas, el espíritu emocional y condicionado. Los Tanmatras vienen de Manas y son los lazos sutiles entre los sentidos y los objetos de los sentidos. Los Tanmatras son la materia en su estado puro, antes incluso que interactúe y cree formas. A nivel sutil, esta dimensión está unida a los planes astrales o niveles de sueño de la manifestación. Las cinco formas de percepción vienen de los Tanmatras,

Y es por los cinco órganos de los sentidos que percibimos las impresiones del mundo que nos rodea.

A través de los sentidos percibimos las impresiones que condicionan la mente (Manas). Según el Samkhya, la mente es un "órgano" muy sensible que puede ser perturbado o traumatizado por las impresiones que recibe. Sucesos como accidentes de auto, guerras, muertes, violaciones y también cualquier tipo de violencia mental, dañan la sensibilidad de la mente emocional y condicionada. También, cuando la mente recibe informaciones por los sentidos interpreta estas informaciones. La naturaleza de la mente es interpretar y traducir la información recibida.

El condicionamiento emocional de la mente funciona como un puente entre el mundo exterior y los niveles más profundos de la mente: el intelecto (Buddhi), el sentimiento del "Yo" o ego (Ahamkara), y la mente consciente y subconsciente (Chitta). Todos son influenciados directamente por las interpretaciones de Manas. El rol principal de Manas es transmitir las impresiones y las informaciones a otros niveles de la mente. No obstante, esta comprensión de una mente de cuatro dimensiones no es utilizada en la psicología occidental. Así, al utilizar este modelo, podemos entrar en un nivel más profundo de la comprensión psicológica.

Sin embargo, la debilidad de Manas es interpretar todo lo que es externo según su propio condicionamiento. Manas, el condicionamiento emocional de la mente, no tiene otra opción. Esto significa que si soy científico, tengo tendencia a interpretar el mundo, así como las relaciones personales, a partir del condicionamiento de mi intelecto lógico y racional. Si soy artista, tengo tendencia a interpretar el universo como una expresión artística y (esperémoslo) estética. Un atleta tendrá tendencia a considerar la vida bajo un ángulo competitivo. Etc. No hay nada malo en esto. Pero, una vez condicionada, la mente pierde su potencial de discernimiento y tiene tendencia a interpretar de manera errática.

Veamos un ejemplo simple que la mayoría de la gente ha experimentado al menos una o varias veces en sus vidas: la confusión entre el trabajo y el hogar. Profesionalmente, estamos casi siempre obligados a comportarnos de una cierta manera, lo que es apropiado para nuestra profesión, ya sea que lavemos vidrios o dirijamos una empresa. Sin embargo, los seres humanos terminan por tener el mismo comportamiento en su casa con sus cónyuges e hijos. Este comportamiento es la causa de más de un divorcio. Es difícil para el condicionamiento emocional de la mente cambiar de rol, y también le es aún muy difícil darse cuenta de su propio condicionamiento.

Sólo desarrollando el lado superior de Buddhi podemos observar Manas (condicionamiento). Si Buddhi no se desarrolla lentamente, la observación de si-mismo será muy difícil, o imposible. Mientras más se le pide a la mente condicionada, más difícil es para Buddhi funcionar en un nivel superior de discriminación. Veamos el ejemplo de alguien que tiene un puesto de dirección y muchas responsabilidades. Estas responsabilidades obligan a la persona a aumentar la fuerza de Manas para poder sobrevivir. Esta persona perderá lentamente la propia observación, a menos que haga un esfuerzo consciente para desarrollarla directamente. Por esta razón, las relaciones personales con individuos que ocupan puestos de responsabilidad como gerentes generales, entre otros, pueden ser muy difíciles de vivir. Es importante insistir en el hecho que la palabra del Samkhya, "Buddhi", que traducimos equivocadamente como "intelecto" no corresponden al intelecto lógico y racional sino al "fuego" de la percepción capaz de discriminar y sentir.

Así, es imposible obtener una percepción directa con ayuda de Manas. Esta percepción es igualmente imposible con la ayuda de Buddhi. La percepción directa sólo es posible antes de la manifestación de Ahamkara. A nivel de Mahat (la Inteligencia Cósmica) podemos tener conocimiento de la percepción directa en un plano universal de unidad. A nivel de Prakriti (la materia latente), podemos tener una percepción directa como unión con la propia materia. A nivel de Purusha, nos es posible experimentar una percepción directa como el Ser, la Consciencia y la Beatitud pero sin comprenderlas. Para ir de Manas a Mahat, podemos utilizar a Buddhi, aunque Buddhi es incapaz de experimentar directamente la realidad. Podemos preguntarnos entonces: ¿Cómo desarrollar Buddhi?

El Samkhya y los tres Gunas

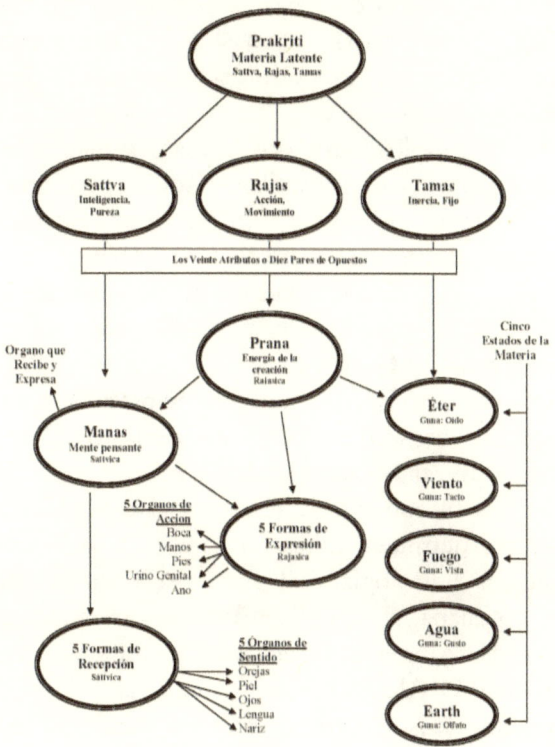

La respuesta está en la fuente de toda manifestación, en el nivel de Prakriti. Existen tres atributos inherentes a Prakriti que conforman toda la creación. Se llaman Sattva, Rajas y Tamas, como lo hemos explicado en el capítulo tres. A partir de estos tres "Gunas" o atributos, todo se manifiesta. El siguiente diagrama nos revela como toda la creación comienza a partir de estos tres atributos. Por esencia, toda manifestación viene del principio de Rajas o acción. La creación no podría manifestarse sin el principio fundamental de movimiento activo. La primera expresión de Rajas es el Prana como energía cósmica de la creación (Pranashakti) y la segunda, las cinco formas de expresión o los cinco órganos motores.

A partir de los otros dos Gunas, la manifestación aparece como formas sutiles y sólidas. El principio Sáttvico controla el espíritu y los sentidos. El principio Tamásico controla los objetos de los sentidos, los cinco estados de la materia y la manifestación que aparece. Estos son los roles cósmicos de los Gunas.

De estas tres cualidades principales surgen los veinte atributos, diez pares de opuestos, que nos permite utilizar la creación de manera práctica. Estos principios fueron introducidos en el capítulo cuatro. Ellos nos permiten utilizar el Ayurveda, la Psicología Yógica, la Astrología, el Tantra y el Yoga en nuestra vida cotidiana. Todo diagnóstico y tratamiento en Ayurveda se basa en el atributo dominante o en el insuficiente. Al igual, en psicología, el atributo dominante nos entrega la manera para mejorar las indicaciones generales del Guna principal. En astrología, los atributos nos informan sobre las cualidades y las acciones de los planetas de un tema. La creación entera puede entenderse por los tres Gunas principales así como sus cualidades subyacentes, o veinte atributos. Cuando los Gunas están en su rol apropiado, mantienen la creación y la vida. Si por alguna razón salen de su rol normal de creación, provocan enfermedades, muerte y destrucción. El dominio más delicado es el de las cuatro funciones mentales: Buddhi, Ahamkara, Manas y Chitta. La función mental entera es parte del atributo Sattva, la inteligencia o pureza. Cuando Rajas o Tamas comienzan a tener un lugar dominante en la mente, se produce entonces una perturbación en el organismo entero.

A nivel individualizado de la manifestación (el dominio de Ahamkara, Buddhi y Manas) los tres Gunas tienen los siguientes atributos:

Sattva	Inteligencia, flexibilidad, paz, intuición, claridad, felicidad, amor propio, compasión, comprensión, creatividad, afecto, humanidad
Rajas	Acción, dispersión, agitación, ira, celos, frustración, ego, autoridad, agresividad, poder, abuso de estimulantes (café, etc.), motivación, en búsqueda de objetivo, trabajólico
Tamas	Inercia, inflexibilidad, embotamiento, estupidez, violencia, perversión, depresión, aflicción, falta de humor, dependencia de drogas, ilusión, locura, engaño, deshonestidad

Sattva debe ser predominante en la mente, puesto que es su dominio. Cuando Rajas o Tamas predominan, Manas se perturba. En estos dos Gunas, Tamas es el más difícil porque oscurece la aptitud para ver así como la honestidad. Es común encontrar personas con un Tamas poderoso que creen ser muy Sattvicos, lo he visto muchas veces en pacientes y estudiantes.

En la sociedad actual, nuestra mente tiene una mezcla de los tres Gunas. Nuestra cultura exige que tengamos una mente Rajásica y que muchas veces nos encontremos con ideas o emociones rígidas que indican Tamas. La metodología antigua consiste en aumentar Rajas para hacer circular una inercia de Tamas. No es posible cambiar directamente una mente Tamásica, es necesario utilizar Rajas (la acción dispersa) para poder disminuir la inercia de Tamas. Un Sattva puro casi no existe actualmente, puesto que nuestra cultura no lo alienta. Cuando una persona afirma que tiene predominancia Sattva, eso indica más bien un dominio de Tamas o la propia ilusión.

Igualmente importante es reconocer que un dominio de Tamas no es sinónimo de persona violenta y perversa. Tamas se manifiesta generalmente como depresión, falta de amor, tristeza o simplemente ignorancia de su propio estado verdadero. Estos son los problemas mentales más comunes de nuestra cultura y están ligados a Tamas. Un Rajas alto no significa necesariamente que la persona sea egoísta y autoritaria. Una persona en nuestra época que logra todo lo que comienza es generalmente Rajas. El cansancio mental o la incapacidad de parar indican un Rajas alto.

El Samkhya demuestra muchas veces que el desarrollo de Buddhi es un factor clave para revertir el movimiento descendente de la creación. Una de las principales formas que permiten desarrollar el poder de discriminación superior de Buddhi es promover Sattva en la mente. El predominio de Rajas nos entrega una mente analítica, lógica e intelectual, pero también una mente mecánica e insensible. Un predominio de Tamas lleva a Buddhi hacia un movimiento descendiente en Manas y los placeres de los sentidos, y con una necesidad incesante de estimulación para activar el embotamiento.

Otro factor clave que permite el desarrollo de

Buddhi viene de las impresiones que recibimos de nuestro entorno. Si vivimos en un barrio violento, esto tiende a provocar miedo o violencia, su opuesto. También, según el Samkhya, el hecho de mirar películas violentas aumenta nuestra propia ira, nuestra frustración y nuestra violencia. La psicología moderna reconocerá posiblemente la verdad del Samkhya que precisa que lo que percibimos en nuestra mente sensible condiciona y activa su funcionamiento. El aumento de los delitos violentos en los jóvenes unidos al aumento de la violencia en los medios es un ejemplo evidente.

Además, a medida que los medios de comunicación americanos se dirigen a culturas menos violentas, éstas progresivamente se vuelven más y más violentas. Europa occidental es un buen ejemplo del aumento de delitos que se produjeron en la última generación con la inundación de los medios de comunicación tipo Hollywood. Otro ejemplo es el aumento de violaciones y abusos sexuales en la India que es una cultura tradicionalmente conservadora (al menos durante los últimos 1000 años).

Por ende, la selección de lo que vamos a dejar que entre en nuestros sentidos afectará nuestra mente. Un hombre que mira mucha pornografía pensará siempre en sexo. Una mujer que lee revistas de moda pensará en comprar ropa nueva. Un niño que mira la televisión y la publicidad de nuevos juguetes querrá esos juguetes. Estas verdades son cada día explotadas por la máquina de comercialización que se sirve del sexo para vender refrigeradores, ropa y muchos más artículos. A veces nos preguntamos si los directores de marketing no son mejores psicólogos que los propios psicólogos.

Limitar o elegir las estimulaciones que recibimos en el condicionamiento emocional de la mente (Manas), ayuda la promoción de Buddhi porque el movimientos descendente disminuye. Este aspecto es igualmente importante para nuestros niños. Debemos entregarles estructuras. El tiempo pasado frente al televisor debiera ser controlado y limitado. Ya hay suficientes impresiones sensoriales transmitidas por las publicidades en las calles y centros comerciales, no necesitamos dejar que entren además en nuestro hogar.

Hay que insistir en el hecho que el Samkhya es neutro y que ayuda a la libertad de elección en todo momento. También advierte sobre los efectos de malas elecciones, pero todo el mundo es libre de elegirlas.

La Psicología de la Transformación considera que los alimentos que consumimos afectan los Gunas a nivel de la mente y afectan entonces a Buddhi. El concepto fundamental que enuncia que la creación entera está interconectada a Purusha y Prana, significa que los alimentos consumidos a nivel físico afectarán eventualmente Manas, Buddhi y Mahat. Investigaciones iniciadas en los años 60 y que continúan actualmente nos indican que ciertos aditivos alimenticios cambian el comportamiento de los niños y adultos. Los primeros resultados de estos estudios han sido desmentidos por la prensa en importantes campañas hechas por asociaciones médicas y de industrias alimenticias. Sin embargo, la ciencia, la metodología e incluso las conclusiones no han sido desmentidas en los estudios in vitro o in vivo de estos últimos treinta y cinco años. Actualmente hay una sensibilización de los medios de comunicación de la posible conexión entre los alimentos y ciertas graves enfermedades como el cáncer.

Lo que absorbemos en nuestro cuerpo a nivel de las expresiones sensoriales condiciona nuestra psique y, lo que absorbemos por nuestra boca condiciona nuestro metabolismo. Así, un régimen alimenticio basado en alimentos puros es un medio preconizado por la Psicología de la Transformación para ayudar el aspecto superior de Buddhi, el principio inteligente de discriminación y de la auto-observación.

Hay otro aspecto que es la expresión de las impresiones recibidas. Si nos herimos o hacemos mal intencionalmente a otros, a nivel emocional o físico, esta actitud lleva a Buddhi hacia un movimiento descendente, hacia la mente sensorial inferior. Entonces, la expresión es tan importante como la recepción. Muchas veces puede indicar la pureza de la mente como la motivación del individuo. La expresión se considera como el producto superior de toda creación. La manera para desarrollar Buddhi es ser creativo y aportar nuevos conocimientos o nuevas bellezas en el mundo. Si la expresión es destructiva, perjudicial y contraria al conocimiento y la belleza, lleva a Buddhi hacia abajo, hacia un estado negativo.

En resumen, en la práctica, para preservar nuestra salud mental y física, podemos limitar la cantidad de impresiones y alimentos a través de cosas puras y sanas. La manera cómo nos expresamos en el plano personal o social es también muy importante. Además, podemos hacer todo lo posible para promover las ideas superiores de la humanidad en nuestra consciencia, lo que aumenta Sattva. Son etapas fundamentales que tienen como objetivo invertir el movimiento descendente de la creación.

Son esenciales y entregan los fundamentos pero no representan un comienzo.

Cuando Buddhi es capaz de observarse, la verdadera aventura que consiste en ir más allá del "sentimiento del Yo" (Ahamkara), puede comenzar. En realidad, no es nuestra elección consciente, esto se produce naturalmente. Si el deseo de ir más allá de Ahamkara aparece, somos atraídos, como por un imán, más y más alto en la creación de ideas, formas y conceptos. Muchas veces, el individuo encontrará la Inteligencia Cósmica o Mahat y hará muchas experiencias de unidad, de amor, de paz y del Ser. Estas experiencias son a la vez maravillosas y dolorosas porque son sólo experiencias transitorias. Al final, la humanidad entera volverá a su fuente de Consciencia Pura, es un problema de tiempo, esta paradoja se acabará cuando los individuos se unan al universo.

El impenetrable viaje de retorno hasta Purusha no puede describirse en los libros. Se necesita un enfoque individual tal que su descripción es inútil puesto que no tendría significado salvo para su autor. En este capítulo, hemos tratado de describir el significado de la re-identificación con Purusha que se hace clarificando el desarrollo de Buddhi y a través de la posibilidad de ir más allá del concepto del "Yo" y del condicionamiento individual. Además, necesita un enfoque individual en armonía consigo mismo. No obstante, cuando esta aventura comience, será de verdad una "aventura única".

11
LA PSICOLOGÍA DE LA
TRANSFORMACIÓN COMO YOGA

"Renuncien, renuncien a la existencia mundana y después renuncien completamente a esa renuncia. Como si fuera veneno, dejen esa idea del ego que consiste en huir del mundo o en aceptarlo. Ustedes son el Ser puro, simple, inmutable e inmortal."
Avadhuta Gita 3.46

Hay un método práctico de transformación psicológica basado en el sistema del Samkhya y el *Vedanta*. Este método es muy eficaz, simple de explicar y aprender. Su único problema es que es difícil de aplicar mientras no se hayan integrado los conceptos de los capítulos anteriores en nuestra vida cotidiana.

Así, mientras no hayamos desarrollado la discriminación (el aspecto superior de Buddhi) y no hayamos cultivado Sattva (la armonía y la paz) en nuestra mente, este método es imposible de usar. Si lo utilizamos, nos traerá ilusiones al igual que cuando se produce la falta de discriminación. En resumen, este método no es una píldora mágica pero sí depende de un enfoque integral de la vida. Si se aplica siguiendo las indicaciones de este trabajo, es mucho más eficaz para entregar paz y felicidad en todos los niveles del funcionamiento mental.

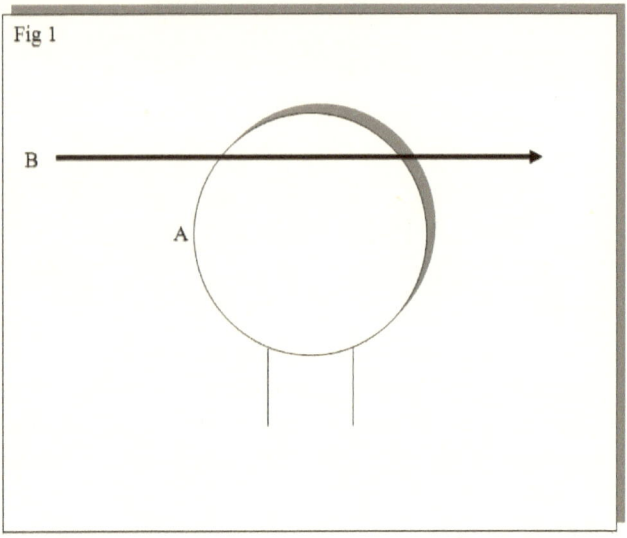

Fig 1

Para poder ilustrar este método, es necesario recordar que el campo mental de Manas es el receptor de todas las imágenes recibidas por los sentidos. El proceso del pensamiento viene de esta función. Cuando las imágenes de nuestras vidas quedan guardadas en nuestra memoria, éstas entregan una fuente ilimitada de pensamientos. En la memoria hay tres niveles fundamentales: Chitta para las funciones automáticas (por ejemplo el cuerpo no olvida que debe respirar), Manas para las emociones (como el placer y el dolor) y Ahamkara para las experiencias no digeridas (las experiencias reprimidas o bloqueadas, entre otras). De esta manera, entre la recepción de imágenes y las imágenes guardadas en la memoria, los pensamientos están constantemente presentes en Manas, la mente.

El problema surge cuando suponemos que estos pensamientos son parecidos a los caminos de una carretera en constante desplazamiento. Desde la mirada de la psicología vedántica, esta idea es el primer concepto errado.

La figura nº 1, de la página anterior, ilustra este error. El círculo A representa la cabeza y nuestro estado de vigilia de consciencia normal. Es Manas (el condicionamiento emocional de la mente) y, a menos de esforzarse para utilizar a Buddhi, la línea permanece constante. La línea B representa la idea que los pensamientos son una corriente continua de circulación que no se puede parar. Este concepto no permite llegar a la liberación y crea una suerte de situación víctima o esclava de una circulación de pensamientos constante parecida a la circulación en la hora de congestión vehicular.

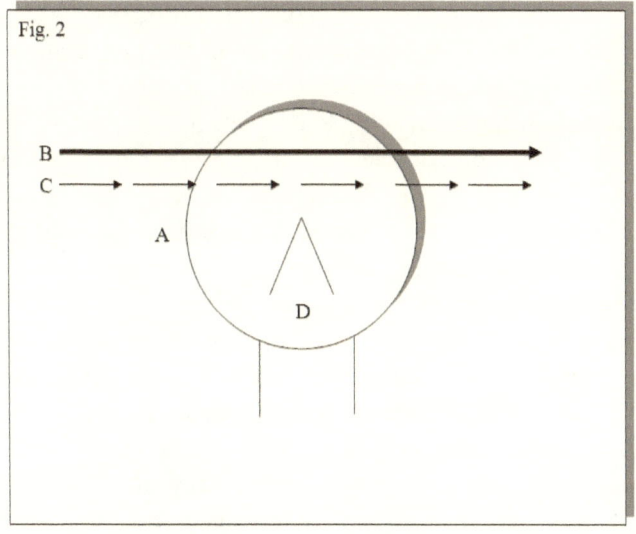

Fig. 2

La visión de la *Psicología de la Transformación* está representada por la figura n° 2. En este diagrama, observamos que C representa el movimiento real de los pensamientos. La diferencia es esencial en el sentido que cada flecha representa un pensamiento, lo que significa que cada pensamiento es algo individual que puede ser confrontado o tratado de una cierta manera. Este diagrama permite la liberación y pone fin a la mentalidad de víctima que considera que los pensamientos son un movimiento que no se puede detener.

En ese sentido, las flechas discontinuas de C indican que cada pensamiento representa un auto individual en la autopista. Las flechas representan la dirección de la autopista y los autos que circulan. Este esquema representa la manera cómo los pensamientos funcionan a nivel mental. Una observación precisa de la mente revela el movimiento continuo de los pensamientos. Podemos experimentar tratando de concentrarnos en un solo pensamiento durante varios minutos. Es muy difícil mantener un pensamiento durante más de 5 a 10 segundos porque los otros pensamientos aparecen y lo desplazan.

El punto de consciencia está representado por D y por la punta de la flecha que se encuentra en el dominio de A o de la mente. Esto indica que solo un pensamiento a la vez puede atravesar nuestra consciencia. Este fenómeno también se observa cuando tratamos de pensar en dos cosas al mismo tiempo. Cuando prestamos atención, podemos ver que sólo un pensamiento es posible. La transición entre dos pensamientos es tan rápida que no nos damos cuenta a menos de estar muy atentos. Esta cualidad de la consciencia centrada en "una sola dirección" es importante porque ella nos da la libertad de seleccionar y escoger los pensamientos individualmente. Nos permite trabajar los pensamientos y las emociones. Es importante ver que desde el punto de vista del Samkhya, las emociones y los sentimientos son partes iguales de Manas y que, en ese sentido, no son diferentes de los pensamientos. Las emociones y los pensamientos son considerados como objetos porque pueden ser, de alguna manera, observados y dirigidos. Podemos percibir todas las funciones de Manas a partir del aspecto superior de Buddhi (la discriminación). Buddhi desarrolla primero la observación de uno mismo que nos permite desarrollar la consciencia de uno mismo. Cuando una persona tiene motivaciones espirituales, Buddhi puede reunirse con su fuente de inteligencia cósmica o Mahat.

Entonces, la punta de la flecha indicada por D representa primero la consciencia de uno mismo desarrollada por Buddhi. Esta consciencia puede alcanzar una consciencia cósmica cuando la persona lo desee. En todo caso, esta consciencia está presente por causa de Jiva, nuestro elemento individual de Purusha.

En nuestra vida diaria, los pensamientos se mueven a través de la consciencia de Manas. Los problemas surgen cuando uno de estos pensamientos se queda preso en el campo de la consciencia, o sea en el campo A, como se muestra en las figuras 1 y 2. Cuando el pensamiento está atrapado al interior de A, lo sentimos como una especie de perturbación. Como por ejemplo con el estrés, la ansiedad, la preocupación, el miedo, la ira, el deseo, los celos, la depresión, el insomnio, la frustración, etc.

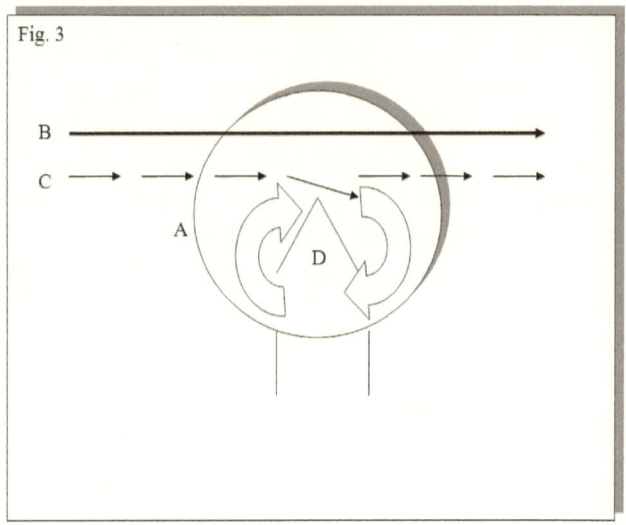

Fig. 3

La Figura 3 muestra cómo un solo pensamiento cambia su dirección normal y permanece atrapado en el dominio de A, de la mente. Estas flechas más grandes forman un movimiento circular de mantenimiento que las deja prisioneras de Manas. Por lo tanto, de acuerdo con este enfoque de la psicología, es la obsesión de un pensamiento o una emoción prisionera el factor causal en el origen de todos los trastornos y alteraciones psicológicas. Para encontrar el remedio para las enfermedades mentales, hay que liberar el pensamiento problemático para poder salir del campo de la consciencia.

Para permitir que los pensamientos y emociones se vayan, tenemos primero que comprender como quedaron prisioneros. La principal razón por cual la mente retiene un pensamiento es porque existe una afinidad con este pensamiento o emoción. Cuando no hay afinidad, el pensamiento sale simplemente de la consciencia sin crear ningún tipo de impacto. Cuando hay afinidad, las memorias pasadas crean una relación con el pensamiento. Cuando se establece una relación, el pensamiento se queda preso al interior del campo de la consciencia.

Por lo tanto, la primera etapa para liberarse del trastorno psicológico es identificase con la afinidad y la relación que conlleva. Así, la identificación es la primera etapa que permite parar la agitación mental. En este sentido, la psicología occidental es muy útil puesto que su principal función es analítica y busca comprender la naturaleza de los problemas con la ayuda de la identificación y la clasificación. La diferencia esencial que existe entre estos dos sistemas, es que el sistema indio no se basa en el "cómo" ni el "por qué". De hecho, es la obsesión con el "cómo" y el "por qué" de los acontecimientos pasados que mantiene constantemente Manas en un movimiento descendente. Esta orientación impide que los aspectos superiores de Buddhi se desarrollen y de hecho aumenta el poder de Ahamkara que lleva a Manas en un movimiento descendente hacia una mayor creación.

La astucia es simplemente identificar pensamientos problemáticos y no interesarse en otros aspectos. Cuando entramos en la memoria y el pasado, vamos a Manas y dejamos el aspecto superior de Buddhi. Cuando estamos obsesionados con el cómo y el por qué de los problemas, somos víctimas del pensamiento y la emoción. Tenemos el poder o la libertad sólo si permanecemos en el presente. Cuando volvemos al pasado y los recuerdos, nos convertimos en víctimas porque nadie tiene el poder de cambiar el pasado. Sólo podemos cambiar el presente.

Una vez que la afinidad y la relación han sido

identificadas, comenzamos a ganar poder, comenzamos a liberarnos del problema. El siguiente paso es elegir lo que queremos; permanecer en la trampa del pensamiento y de todo lo pasado y lo invocado a través de él o dejarlo a un lado para permanecer en un estado más feliz. Mi maestro Sri Poonjaji llama a esto elegir la paz. Cuando no hay deseo de paz y felicidad, este método es inútil. Por otro lado, si una persona realmente quiere encontrar la serenidad, entonces tiene que tomar una decisión importante para la paz. La fuerza del pasado es poderosa y es imposible destruir los hábitos mentales del pasado sin tomar una decisión firme en favor de la paz. Nuestra propia integridad también es importante. Puede ser que queramos dejar las cosas tal como están o centrarnos en las cuestiones más inquietantes de nuestras vidas.

Después de elegir la paz o la serenidad, es necesario centrar nuestra atención o consciencia, representada por D en las figuras 2 y 3. Ahora sólo queda por saber dónde ponemos nuestra atención. Cuando la atención se queda con el pensamiento atrapado, éste adquiere poder.

Un ejemplo puede ayudarnos: salimos de una tienda y comenzamos a cruzar la calle cuando casi nos atropella un coche. Nuestra mente estará naturalmente en estado de shock. Tratamos de estúpido al conductor y la trampa empieza ahora a partir de nuestra experiencia y los recuerdos del pasado. Cuando el conductor es de un sexo diferente al nuestro, podemos pensar: "todos los hombres son imprudentes y estúpidos" o "las mujeres son locas al volante." Cuando el conductor es de otra raza, se puede caer en la discriminación racial y generalizaciones tales como "¡Lapones malditos, sólo saben conducir renos!" O si vamos a una entrevista con un abogado, podemos pensar: "¡Idiota! ¡Tenía que ser un abogado!"

Después de estas primeras reflexiones, somos capaces de olvidar este incidente y cruzar la calle o tener pensamientos con la ayuda de nuestra atención. El poder de la mente para distorsionar y cambiar los acontecimientos es bastante normal y sucede todo el tiempo. Este efecto se produce porque Manas pasa su tiempo recibiendo y relacionando información y experiencias. Mientras más Tamásico (poco inteligente) es Manas, más enlaces arbitrarios extremos se determinan en la mente. Por lo tanto, es extremadamente importante dónde nos centremos. Tenemos libre albedrío y somos responsables de nuestra felicidad o nuestra desgracia. La elección es elegir dónde colocar nuestra atención todos los días. En el ejemplo citado anteriormente, la persona pueda convencerse de atacar (física o psicológicamente) al conductor. Por otro lado, la persona también es capaz de cruzar la calle mientras se siente feliz de estar vivo. Es la elección de la forma en que reaccionamos a nuestros pensamientos y actos que nos hace esclavos o reyes.

El uso más eficiente de nuestra atención es conseguir afinidades y relaciones cuando nacen, en la intersección de D con el pensamiento. Esto es muy difícil al principio, pero poco a poco se vuelve cada vez más fácil a medida que nos familiarizamos con el pensamiento incómodo o con el patrón emocional. Al principio, cuando identificamos el pensamiento problemático, por lo general necesitamos un método que nos permita desviar nuestra atención.

Hay dos principales métodos para desviar la atención. El primero es mental, el segundo es físico. El método físico es el más fácil de hacer, porque podemos simplemente cambiar de actividad, como ir a correr o nadar. Cualquier actividad física desvía temporalmente la atención. El inconveniente es que esta desviación es generalmente temporal. Los métodos mentales son generalmente más difíciles, pero duran más. A menudo es necesario usar una combinación de estos dos métodos frente a la presencia de un problema que viene de un condicionamiento profundo de Manas.

En este punto, es importante aclarar el significado de "desviar la atención". No debe ser confundido con el cuidado que se pone para evitar un problema o huir de él. En este sistema, alimentar el pensamiento aumenta el problema. Este sistema sugiere escoger otro enfoque conscientemente para liberarse de los recuerdos del pasado y condicionamientos que forman a Manas, la mente. Cuando la decisión es clara y consciente, no se trata de huida o eliminación. Tampoco es un pensamiento positivo cuando se atascan los otros pensamientos y sólo se concentra en pensamientos positivos.

Desviar su atención es liberar energía mental (*Pranavayu*) de modo que pueda fluir a través de Buddhi en lugar de circular en Manas. Normalmente, nuestra energía mental está tan ocupada con nuestros recuerdos y condicionamientos pasados, con respecto a nuestra experiencia actual, que poca o ninguna energía fluye hacia Buddhi. Cuando Buddhi comienza a recibir la energía, el poder de discriminación comienza a desarrollarse y convertirse en activo. Esto a su vez nos da la oportunidad de dejar de ser víctimas de conductas aprendidas y de los recuerdos del pasado que generalmente dominan nuestro estado de vigilia.

Otra manera de entender la etapa de afinidad y de relación es verla como una conducta aprendida. Manas es el condicionamiento emocional de la mente y en consecuencia se entera de todo, incluyendo cómo actuar y reaccionar. Por lo tanto, el hecho de desviar la atención es un enfoque disciplinado para descomprimir el comportamiento aprendido previamente. Este condicionamiento también se compone de recuerdos, ya que es nuestra experiencia pasada que nos condiciona.

Por lo tanto, desviar nuestra atención es un medio fundamental para empoderar al individuo. Como ya lo hemos mencionado varias veces en este libro, el sistema del Samkhya, y por lo tanto, el sistema del Yoga, Ayurveda y Jyotish creen firmemente en el libre albedrío y elección. Somos libres de elegir la paz y el movimiento ascendente hacia la Consciencia Pura o bien elegir el movimiento descendiente hacia el placer de los sentidos y la satisfacción de nuestros deseos por la comida, el dinero, el poder y el sexo. Darle poder a un individuo significa despertar Buddhi para permitir despertar su consciencia. Esto no significa darle poder al ego o el aspecto inferior de Ahamkara.

Volviendo a estos dos métodos para desviar la atención, observamos que ambas son formas de aprender a utilizar nuestro condicionamiento mental. También podríamos decir que estos métodos proporcionan un medio para llegar a ser verdaderamente adulto. Cuando vivimos sólo en nuestros recuerdos y condicionamientos pasados, vivimos todavía en la infancia. Integrar este aspecto en el ámbito del Samkhya, significa que condicionamos nuestras mentes para volver a ser humanos, ya que funcionar sólo desde Manas pertenece al nivel animal (o incluso menos).

El método físico que consiste en desviar la atención es temporal. ¿Cuáles son las opciones que nos permiten desviar la atención mental? La primera es a través del poder de la voluntad, simplemente por la decisión de no pensar ni establecer una relación con el pensamiento problemático. El segundo es sustituir el pensamiento problemático por algo más. En las tradiciones indias se usaban las antiguas sílabas en sánscrito. Se llaman *Bija Mantras* o "sonidos germinales u originales". Estos sonidos hacen eco a través de Manas y comienzan a armonizar la recepción y expresión de las ideas. Estos Bijas son un método activo y son también de naturaleza Rajásica. Es útil cambiar los patrones profundamente arraigados o hábitos de naturaleza Tamásica. Sin embargo, una repetición mecánica de cualquier sonido no nos dará felicidad. Es necesario estar consciente de ese hábito, ese pensamiento o ese condicionamiento que escogemos conscientemente reprogramar.

Algunas escuelas o personas abogan por repetir Bija Mantras como un medio para la Realización del Ser. Sri Poonjaji dijo en repetidas ocasiones que nunca había visto los resultados con *Japa*, la repetición de Bija Mantras, para la Realización del Ser. Y está bien posicionado para hablar de ello porque estuvo más de quince años repitiendo diariamente hasta 80.000 mantras cada mañana antes del trabajo. Repetir Bija Mantras o palabras sánscritas de una consonante como *Hrim, Shrim, Klim, Klim* o *Ram* es, sin duda, una ayuda para desviar la consciencia y destruir los viejos hábitos mentales de Manas. Estos Mantras promueven el despertar de Buddhi y pueden cambiar la dirección de Manas hacia un movimiento ascendente. Destruyen Tamas y fomentan el desarrollo de Sattva con ayuda de la actividad (Rajas). Pueden promover una devoción profundamente arraigada hacia lo divino o Bhakti, el camino del amor. Pero la repetición de Mantras no iluminará a nadie. Los Mantras son una forma de práctica. La cuestión de la realización del Ser consiste en la identificación y no en añadir otros conceptos o prácticas. Por lo tanto, la repetición de Bija Mantras es una herramienta de gran valor psicológico y también es muy importante como método de meditación.

Utilizar sonidos para distraer la atención es muy útil y ayuda a preparar la mente para tener un método más directo y eficaz para rechazar pensamientos cuando se producen directamente en la consciencia o en el punto D de la Figura 3. Éste método equivale a reconocer un invitado no deseado y decirse: "Oh, Dios mío, si lo dejo entrar, permanecerá dos horas y no tendré tiempo para cocinar." Al igual que con este invitado indeseado, no abramos la puerta cuando los pensamientos llamen a ella. Tenemos la opción de acceder y abandonar los pensamientos y condicionamientos.

Cuando dejamos de abrir la puerta, los invitados indeseados no vienen más. Esto puede tomar tiempo, y depende de si conoce bien o no a los invitados. Por lo general, cuando un pensamiento se identifica claramente, el proceso de desviar la atención comienza a perder su poder en unos pocos meses. Normalmente, incluso los pensamientos más rebeldes se desploman después de tres meses. Esto es poco tiempo si imaginamos que vivimos con ellos cuarenta años o más. Incluso tenemos veinte años, esto representa veinte años de condicionamiento. Esto significa que si no cambiamos, nos quedaremos en la edad mental y emocional de un niño de seis años por toda la vida. ¿Por qué seguir siendo esclavo del pasado? ¿Por qué no volver a condicionar el proceso de pensamiento con pensamientos y sentimientos que nos entreguen paz?

Debemos tomar en cuenta que este método generalmente requiere diferentes capas. Esto significa que cuando paramos el dominio habitual de un pensamiento o una emoción, aparece otro pensamiento o una emoción original. Un ejemplo sencillo es la necesidad de ser amados, que sin duda es la necesidad humana más básica que viene de la aparente separación de Purusha. El pensamiento original o emoción es la causa de muchos hábitos y tendencias emocionales. Por lo tanto, actuar en el condicionamiento o en los comportamientos emocionales eventualmente sacará el velo que cubre el pensamiento original.

Sri Poonjaji insistió en la necesidad de optar por la paz, primero en la mente, en segundo lugar a nivel de la palabra y por último a nivel de la acción. Esta opción crea una atmósfera de consciencia que armoniza Manas, fortalece Buddhi y debilita el poder de Ahamkara que genera un movimiento descendente hacia la creación. La metodología que pertenece a la psicología vedántica es muy eficaz en el tratamiento de la depresión, el estrés y el tormento general. Pero, como hemos dicho al principio de este capítulo, se aplica sólo si se adopta un estilo de vida completamente Sáttvico. Es importante trabajar con psiquiatras o psicoterapeutas calificados cuando se producen shocks mentales. Este método está pensado principalmente para las personas sanas (o simplemente neuróticas, como yo) y no está pensado para reemplazar a la psicoterapia moderna, sino que la complementa.

También podemos aplicar este método negativamente. Esto significa que podemos negar el pensamiento en lugar de distraerlo. Este método funciona de la misma manera pero cuestionando los pensamientos problemáticos, a medida que surgen en el punto D de la figura 3. Este método funciona a nivel mental y es asistido con la repetición de sonidos o Bija Mantras. Se requiere que la persona identifique el pensamiento de la misma manera que en el método de "positivo" o desviación. Después de identificar el pensamiento problemático, la persona se pregunta si este pensamiento es útil o no. Si no es útil, lo rechaza. Si se considera útil, lo guarda. Esto requiere un fuerte Buddhi lleno de discernimiento. Podemos continuar este proceso hasta que el pensamiento original aparezca. Cuando esos pensamientos originales se examinan, a su vez conducen hacia el asunto fundamental de la auto-identificación. Los ejemplos de pensamientos originales son: "soy francés, soy un hombre, soy una mujer, soy un padre, soy una madre, etc." Estos incluyen grandes bloqueos de pensamientos originales del condicionamiento y su rechazo nos alivia de gran parte del condicionamiento social del pasado. Siempre debemos elegir lo que es útil. La idea es tomar consciencia del condicionamiento original con el fin de trabajar como la consciencia misma en lugar de trabajar como un esclavo o víctima.

Esta metodología nos da fuerza y paz interior. No afecta al mundo exterior, ni las pruebas y dificultades de la vida. No detiene el movimiento de los pensamientos y no vacía la mente. En su lugar, se centra en cómo nosotros, como seres humanos, reaccionamos ante el mundo, nuestros pensamientos y nuestras emociones. Y finalmente, se interesa a lo que nos identificamos: Ahamkara o Purusha.

Mi maestro, Sri H.W.L. Poonjaji, insistió en que debemos descubrir primero cómo funciona esta identificación con el "Yo" (Ahamkara). Su mensaje indica que no existe un método o práctica para descubrir el "Yo", ya que es nuestra naturaleza eterna. Poonjaji afirmó muchas veces que todas las prácticas aumentan la identificación de la mente con el "Yo". Cuando no se utiliza ningún método y ninguna enseñanza, nuestra verdadera naturaleza del Ser se revelará. Sin embargo, este tema está más allá de los límites del Samkhya y de la *Psicología de la Transformación* porque trasciende la forma en que percibimos la manifestación de la mente y el universo.

"Hay tres razones porque la investigación y la práctica carecen de sentido y son engañosas. Ellas vienen de la mente astuta que quiere posponer la Liberación para después. La primera razón es que esto crea un investigador. Estos métodos refuerzan el concepto de la persona que sufre y es distinto de la Liberación, y la idea de que el Ser es algo "diferente" del Aquí y Ahora.

El segundo es la investigación. La investigación es una distracción que causa un retraso y un sufrimiento interminable e innecesario. La investigación da a luz a las religiones, las tradiciones, los caminos a los que hay que atenerse, cuyo propósito es engañarnos más profundamente en la ilusión. La verdad está Aquí y Ahora, pero la investigación indica que será mañana.

El tercero es el hecho de que la investigación crea un objeto a encontrar, y la trampa puede ser más sutil y engañosa. Al iniciar una búsqueda, se conceptualiza lo que está buscando. Dada la naturaleza de Maya, la ilusión, radica en el hecho de que usted se convierte en lo que piensa. Se llega a lo que creemos que es la meta.

No hay duda de ello: las cosas cambian de acuerdo con su forma de pensar. Por lo tanto, a causa de su investigación, ¡crea y logra lo que usted piensa buscar! Cualquier estado o paraíso altamente espiritual que usted sueñe con alcanzar, se alcanzará una vez que usted lo conceptualice y lo cree.

Entonces usted se sentirá satisfecho en esta trampa porque usted cree que tiene su "paraíso". La Verdad está más allá de los pensamientos, conceptos y condicionamientos y esa Verdad es lo que usted es y solo la Verdad es."

Sri H.W.L. Poonjaji, *The Truth Is*, p. 365

Vaidya Atreya Smith

Relationships in the Sankhya System

Sanskrit	Principle	Qualities	Gunas	Dimension	Planet	World	Chakra	Kundalini	Body	Sheath
Purusha	Latent Consciousness	Sat, Chit, Ananda	None	Pure Consciousness	Sun	None	None	None	None	None
Prakriti	Latent Matter	Sattva, Rajas, Tamas	3 Gunas – Sattva, Rajas, Tamas	Pure Creative Energy	Moon	None	None	Domain of Kundalini	None	None
Mahat	Cosmic Mind	Sat, Chit, Ananda, Sattva, Rajas, Tamas		Cosmic or Universal Unity	Jupiter + Saturn-	Heavens	7th Crown of Head	Domain of Kundalini	Causal	Bliss Sheath
Ahamkara	Principle of Individuality	Diversification, Sense of 'I'		Jiva or Soul, Time & Space	Ascendant	Hells	3rd Navel		Subtle	Intellectual Sheath
Buddhi	Individual Mahat	Discrimination, Sensitive, Logic Reason, Intellect		Higher Mind	Mercury		6th Between the Eyebrows			
Manas	Individual Mind	Prana, Tejas, Ojas		Lower Mind, Includes Chitta	Moon		4th Center of Chest			Emotional Sheath
Tanmatras	Subtle Matter	Vata, Pitta, Kapha		Energetic, the 5 Pranas	Venus	Astral & Earth	4th Center of Chest			Pranic or Etheric Sheath
Pancha Jnanendriyani	5 Forms of Reception	Sound, Touch, Sight, Taste, Smell		Feeling	Venus		2nd Top of Pubic Bone			
Pancha Karmendriyani	5 Forms of Expression	Speech, Holding, Motion, Emission, Elimination		Expressing	Mars		5th Base of Throat			
Pancha Mahabhutani	5 States of Matter	Space, Movement, Transformation, Cohesion, Solid	Manifest through the 20 Attributes	Solid Matter Manifested, Form	Saturn	Earth	1st Perineum		Physical	Physical Sheath
Prana	Intelligent Movement	Intelligent, Binding Energy	Chala or Movement	Links all Dimensions	Sun / Mars	Links all Worlds	Energy of Transformation	Udana Prana (Shakti)	Links all Bodies	Links all Sheaths

BIBLIOGRAFÍA EN INGLÉS

Advaita Bodha Deepika, trans., Swami Ramanananda, Tiruvannamalai, India: Sri Ramanasramam, 1990

Atreya, Ayurvedic Healing for Women, York Beach, ME: Samuel Weiser, 1999

_____, Ayurvedic Nutrition Course Textbook, Sauve: Editions Turiya, 2001

_____, Ayurveda y Nutrición, CreateSpace, 2013

_____, Dravyaguna for Westerners, Sauve: Editions Turiya, 2009

_____, Pancakarma - Shodhana Chikitsa Textbook, Sauve: Editions Turiya, 2003

_____, Perfect Balance: Ayurvedic Nutrition for Mind, Body and Soul, New York, NY: Avery Publishing, 2001

_____, Practical Ayurveda: Secrets of Physical, Sexual & Spiritual Health, ME: Samuel Weiser, 1998

_____, Prana: The Secret of Yogic Healing, York Beach, ME: Samuel Weiser, 1996

_____, Secrets of Ayurvedic Massage, Twin Lakes, WI: Lotus Press, 2000

Avadhuta Gita, trans., Swami Chetanananda, Calcuta, India: Advaita Ashrama, 1995

Bhagavadgita, trans., Swami Gambhirananda, Calcuta,

India: Advaita Ashrama, 1991

Caraka Samhita, trans., Dash, Dr. Bhagwan & Sharma, Dr. R.K., Varanasi, India: Chowkamba Series Office, 1992, 7 vols.

Caraka Samhita, trans., Kaviratna, Dr. A.C. & Sharma, Dr. P., Delhi, Inida: Sri Satguru Pub., 1996, 5 vols.

Frawley, Dr. David, Ayurvedic Healing, Salt Lake City, UT: Passage Press, 1989

Lad, Dr. Vasant & Frawley, Dr. David, The Yoga of Herbs, Twin Lakes, WI: Lotus Press, 1986

Nisargadatta Maharaj, I Am That, Bombay, India: Chetana Ltd., 1991

_____, Prior To Consciousness, Durham, NC: Acorn Press, 1985

_____, Seeds Of Consciousness, Durham, NC: Acorn Press, 1990

_____, Consciousness and The Absolute, Durham, NC: Acorn Press, 1994

Pancadasi, trans., Vidyaranya Swami, Madras, India: Ramakrishna Math, 1987

Poonja, Sri H.W.L., The Truth Is, York Beach, ME: Samuel Weiser, 1999

_____, Wake Up and Roar, Vols. I & II, Kula, Maui, HI: Pacific Center Pub, 1992

_____, Papaji, Ed. David Godman, Boulder, CO: Avadhuta Foundation, 1993

Ramana Maharishi, Be As You Are, Ed. David Godman, New Delhi, India: Penguin Books India, 1992

_____, Talks With Sri Ramana Maharishi, trans. Swami Ramanananda, Tiruvannamalai, India: Sri Ramanasramam, 1984

Svoboda, Dr. Robert, Ayurveda: Life, Health and Longevity, New Delhi, India: Penguin Books India, 1993

____, Prakriti: Your Ayurvedic Constitution, Albuquerque, NM: Geocom Ltd., 1989

Svoboda, Dr. Robert, & DeFouw, Hart, Light on Life,

New York, NY: Penguin Books, 1996

Tripura Rahasya, trans., Swami Ramanananda,
Tiruvannamalai, India: Sri Ramanasramam, 1989

Yoga Vasistha, The Supreme Yoga, Vols. I & II, trans.,
Swami Venkatesananda, Shivanandanagar, Uttar
Pradesh, India: Divine Life Society, 1991

Upanishads

Brhadaranyaka Upanishad, trans., Swami Madhavananda,
Calcuta, India: Advaita Ashrama, 1997

Chandogya Upanishad, trans., Swami Gambhirananda,
Calcuta, India: Advaita Ashrama, 1992

Eight Upanishads, vols. I & II, trans., Swami
Gambhirananda, Calcuta, India: Advaita Ashrama,
1992

Svetashvatara Upanishad, trans., Swami Gambhirananda,
Calcuta, India: Advaita Ashrama, 1995

GLOSARIO

Agni: otro nombre para Chit o principio cósmico como en Sat, Chit, Ananda. Calidad de Purusha. Dios del fuego. Fuego digestivo.

Ahamkara: principio de la individualidad. La diversificación, sentido del "yo".

Atman: la consciencia pura, Purusha, el Absoluto, el Ser.

Ayurveda: sistema médico más antiguo del mundo. Enfoque holístico desarrollado por los mismos sabios que crearon los sistemas de Yoga. Parte de los Vedas que tratan la salud del cuerpo. "El Conocimiento de la vida".

Brahma: el creador o el aspecto creativo o Prakriti como divinidad. Fundador del Ayurveda como dios.

Brahman: otro nombre para el Purusha. Término utilizado para describir lo indescriptible. También se le llama el Ser, Consciencia, Beatitud o Sat, Chit, Ananda (Satchitanand).

Brahmin: clase educada en la sociedad védica. Sacerdotes.

Brahmacharya: estancia en Brahma o la realidad

no manifestada, Purusha.

Buddhi: intelecto individual, discriminación, intelecto sensible.

Caraka Samhita: El texto más antiguo de Ayurveda existente. Uno de los tres textos más antiguos de la medicina.

Chit: inconsciente o subconsciente. Consciencia parte de Purusha.

Cinco elementos: los cinco estados de la materia. Los estados de existencia material o masa, líquido, transformación, movimiento y las áreas en las que operan. También se llaman tierra, agua, fuego, aire y éter (espacio).

Cinco estados de la materia: ver los Cinco elementos.

Consciencia: en este libro Purusha o fuente de toda manifestación.

Dosha: tres formas inteligentes de Prana que controlan la mezcla de la materia en las manifestaciones biológicas. Significa "administrar los sistemas y funciones del cuerpo" en sánscrito. Literalmente significa lo que desequilibra o "anomalía". Vata, Pitta y Kapha.

Expresión: cinco formas de expresión. Los cinco órganos de acción. La palabra, captación, movimiento, emisión y eliminación.

Fuerza Vital: otro nombre para el Prana se refiere particularmente a los cinco Pranas del cuerpo.

Guna: calidad, atributo de Prakriti. Hay tres Gunas: Sattva, Rajas y Tamas. También hay 20 Doshas secundarios en diez pares de opuestos.

Guru: significa literalmente "el que disipa la ignorancia." Persona que conoce el sustrato o la fuente de la creación.

Impresiones latentes: en Sánscrito, hay dos tipos: Vasanas y Samskaras. Estas son las impresiones latentes, inconscientes o almacenadas como ordinarias impresiones mentales. Vienen de la acción (Karma). Estas impresiones se almacenan en el cuerpo sutil. Estas impresiones son la causa de la reencarnación en otra vida, a menos que las dejemos salir a la superficie de la consciencia. Estas impresiones, con la ayuda del Prana, crean lo que llamamos la mente y conectan a Ahamkara con Jiva (Atman).

Investigación: método para encontrar de donde proviene el pensamiento «Yo». Hacemos la pregunta: "¿Quién soy yo?". Ver los libros de Ramana Maharshi, Nisargadatta Maharaj y H.W.L. Poonjaji.

Jiva: aspecto individual de Purusha cuando Ahamkara se manifiesta. También se llama Jivatman, alma.

Jyotish: Astrología Védica. "La Ciencia de la Luz". Ciencia del tiempo y la astronomía.

Kapha: uno de los tres Doshas. Controla los elementos agua y tierra.

Karma: acción. La ley cósmica de "causa y efecto". No hay Karma "bueno" o "malo". En las terapias, significa la acción general de una sustancia en el cuerpo.

Kundalini: Prana primordial latente en el cuerpo a menos de ser activado por prácticas específicas. ATENCION: Estas prácticas son peligrosas a menos que estén supervisadas por un profesor calificado.

Mahat: la mente cósmica. Principio de unidad manifestada. Inteligencia cósmica. Posee las cualidades de Purusha y Prakriti.

Manas: mente emocional o condicionada. Se refiere a la mente en general. Uno de los cuatro

161

aspectos de la mente con Ahamkara, Chitta y Buddhi. Prana, Tejas y Ojas se manifiesta en este nivel.

Mantra: la ciencia del sonido. Usando el sonido adecuado es posible armonizar cada Prana y Manas (mente o acondicionamiento mental).

Maya: la ilusión de creer que todo lo que existe es independiente de Purusha.

Mente: Manas, el órgano de Ahamkara. Pensamientos en movimiento en la consciencia que dan ilusión de continuidad. La combinación de Prana, Jiva y Vasanas.

Moksha: liberación. Re-identificación con Purusha en vez de Ahamkara.

Ojas: aspecto sutil del Dosha Kapha en Manas y Ahamkara.

Parabdha: el karma o la acción restante. El Karma se asocia con la manifestación de la mente y cuerpo o en otras palabras, siempre y cuando usted tenga un cuerpo, el Parabdha Karma continuará.

Pitta: uno de los tres Doshas. Controla los elementos del fuego y el agua.

Prakriti: materia latente: principio creativo de la creación. Energía dinámica de la consciencia. Madre Naturaleza.

Prana: pra significa "antes" y ana "soplo". La fuerza vital, el soplo vital. Viene desde el sustrato de la consciencia pura, Purusha como la inteligencia (Agni) y el amor (Soma), juntos crean la consciencia individualizada. Estos tres principios son también conocidos como Sat, Chit, Ananda. Hay cinco Pranas principales en el cuerpo humano: Prana, Apana, Samana, Udana y Vyana, procedentes de los Tanmatras y del Guna Rajas.

Purusha: consciencia latente. Fuente de la

creación. Aspecto no manifestado de la consciencia. La Nada.

Rajas: Uno de los tres Gunas de Prakriti. Principio de la energía y dispersión en la creación. Acción, movimiento, luminosidad, energía, agresión, mente perturbada, cumplimiento y emociones intensas.

Recepción: cinco formas de recepción. Los cinco órganos de los sentidos: oído, tacto, vista, gusto y olfato.

Samsara: concepto de separación con Purusha. Sufrimiento. Ilusión.

Samskara: impresiones energéticas innatas resultantes del Karma, ver las impresiones latentes.

Sattva: uno de los tres Gunas de Prakriti. Principio de la armonía, la pureza y el equilibrio. La mente pura se llama Sattva. La pureza, la paz, la tranquilidad, la belleza, la felicidad, mental obediente y emociones estables.

Ser: otro nombre para la consciencia pura o Purusha. También conocido como Brahman o sustrato de todas las dualidades, es decir de la creación. Consciencia idéntica (Purusha) presente en todo, de ahí el término "Ser".

Shakti (Sakti): energía pura o Prana. Materia pura o Prakriti.

Shiva (Siva): consciencia pura, Purusha. Uno de los tres aspectos de la consciencia como dios destructor tal cual se manifiesta en Mahat.

Soma: Otro nombre para Ananda (beatitud). Néctar. Esencia más sutil de Ojas y Kapha. El dios Soma significa amor y unidad.

Sustrato: fuente de Purusha.

Sushruta Samhita: uno de los tres textos de medicina ayurvédica antiguos.

Tanmatras: Material sutil. Causa de la percepción. Materia antes de la interacción. División del Prana en cinco formas. Enlace entre el observador y el objeto. Acto de ver.

Tantra: camino que acepta plenamente todos los aspectos del mundo físico y cree que todo conduce a lo divino. La adoración de la Madre Divina. A menudo confundido con la sola práctica sexual.

Tamas: Uno de los tres Gunas de Prakriti. Principio de la masa, la inercia y la oscuridad. La inercia, la apatía, la depresión, la nada, la estupidez, la pereza, la desesperación y las emociones autodestructivas.

Tejas: se manifiesta como un nivel superior de Buddhi. Poder de discriminación de la mente. Forma sutil de Pitta. Parte de la trinidad: Prana, Tejas, Ojas, que forman parte de Ahamkara / Manas / Buddhi.

Vasanas: ver impresiones latentes.

Vata: uno de los tres Gunas. Controla los elementos viento (aire) y éter (espacio).

Veda: literalmente significa conocimiento, pero se usa aquí para significar el Libro del Conocimiento, el libro más antiguo del mundo. Hay cuatro Vedas.

Védico: conocimiento proveniente de los Vedas.

Vikriti: cubre Prakriti o la manifestación.

Vishnu: consciencia del amor puro. Aspecto de la consciencia que protege y preserva el mundo. Como un dios que se manifiesta con Mahat, tiene siete manifestaciones, Rama y Krishna son los más conocidos.

Yoga: unión. Esto nos lleva de nuevo a la fuente original o Purusha. Generalmente se entiende como un camino o práctica que conduce a lo divino. No se limita al Hatha yoga ni a los Asanas.

ACERCA DEL AUTOR

Atreya Smith nació en Santa Mónica, California, en 1956 y comenzó a meditar a la edad de diecisiete años. Fue discípulo de Neem Karoli Baba y de los maestros occidentales Ram Dass y Alan Watts. Comenzó a estudiar los Upanishads con la "Vedanta Society" en 1976. En 1982, se unió a una comunidad espiritual donde vivió hasta 1991 cuando se reunió con su actual maestro espiritual, Sri Poonjaji, quien le dio el nombre de Atreya, según la tradición india. Vivió más de seis años en la India, entre 1987 y 1994.

Atreya es autor de nueve libros publicados en siete idiomas sobre el arte de la medicina (Ayurveda) y la sanación india. Es Director del European Institut of Vedic Studies (EIVS), que creó en 1998. Desde 1988, ha estudiado con muchos maestros indios de Ayurveda. Continuó sus estudios e investigaciones con los profesores de la Universidad Hindú de Benarés (BHU) en Varanasi, India. En 2005 le fue concedido el título de *Vaidya* (conocedor de los textos ayurvédicos) en Varanasi por su trabajo en Ayurveda. Desde 1987, se dedica profesionalmente a la medicina alternativa y ha trabajado con miles de pacientes en todo el mundo. Es herborista profesional y miembro de varias organizaciones profesionales, incluyendo el "American Herbalist Guild" (Gremio de Herboristas Estadounidenses). Atreya dicta cursos sobre nutrición y hierbas ayurvédicas y es uno de los maestros de Ayurveda más buscados en Occidente. También se formó en Jyotish (Astrología Védica) y es miembro profesional del "American College of Vedic Astrology" (ACVA). Atreya y el EIVS están afiliados a varias universidades de la India y diversos institutos de todo el mundo con el fin de promover el Ayurveda y otras ciencias indias. Actualmente vive en Europa con su esposa.

Sitio web: www.atreya.com Twitter: atreyaAYURVEDA
Facebook: Vaidya Atreya Smith